史記

中文經典100句

台灣師範大學國文系季旭昇教授 總策畫
公孫策 著

〈出版緣起〉

站在文化巨人的肩膀上

季旭昇

「犁明即起，灑掃庭廚。忘著窗外，一片籃天白雲，令人腥情振忿。隨便灌洗一下，整理遺容之後，走到客聽，粘起三柱香，拜完劣祖劣宗，希望祖宗給我保屁。然後匆匆敢往朋友的壽宴，為朋友舉殤祝壽，大家喝的慾罷不能。談到朋友的事葉出現危機，我就建議他要摒持理念、拿出破力。朋友也免勵我要多用功，才能寫出家譽戶曉、擲地有聲的文章。晚上我開始發糞讀書，日以繼夜的終於寫完這一篇文章。」

這是用現在見怪不怪的錯字集錦而成的一篇小文，果然可以「擲地」，但是未必「有聲」。近年來，這種錯字太多了，老師開始憂心、家長開始憂心、社會賢達開始憂心，只有學生和教育主管當局不憂心，教育主管當局甚至於還要進一步削減中小學的國語文授課時數。終於，社會的憂心迸發了，由各界組成的「搶救國文聯盟」日前已起來呼籲教育主管當局要正視這個問題，不要坐視國家競爭力一日一日的衰落。

身為文化事業一份子的商周出版，老早就在正視這個問題了，所以洞燭機先地策畫了「中文可以更好」系列，為文字針砭、為語文把脈，希望把這些年語文界的毛病治好。各界反應還不錯。

語文的毛病治好了，體質還是不夠強壯。商周出版認為進一步要熬十全大補湯，讓我們的語文更強壯。這「十全大補湯」就是「中文經典一〇〇句」系列。

《荀子．勸學篇》說：

「吾嘗終日而思矣，不如須臾之所學也。吾嘗跂而望矣，不如登高之博見也。登高而招，臂非加長也，而見者遠；順風而呼，聲非加疾也，而聞者彰。假輿馬者，非利足也，而致千里；假舟楫者，非能水也，而絕江河。君子生非異也，善假於物也。」

學畫一定要先從芥子園畫譜學起。芥子園畫譜是初學者的「經典」。張大千的畫藝要更上層樓，所以要去千佛洞臨壁畫。千佛洞是張大千的「經典」。學書法的人要學二王顏柳，二王顏柳是書法界的「經典」。

經典是古代聖賢才智的結晶，是民族文化的源頭。

多認識經典可以讓我們站在巨人的肩上，長得更快、更高。

多認識經典可以讓我們的思想、文字帶有民族智慧、民族風格。

《論語》、《史記》、《古文觀止》、《孟子》、《莊子》、《戰國策》、《詩經》、《唐詩》、《宋詞》、《紅樓夢》等，這十本書應該是現代國民的「最低限度必讀經典」，做為這個民族的一份子，沒有讀過這十本書，就稱不上這個民族的「知識分子」。但是，現代人實在太忙了，大人忙著五光十色、小孩忙著被教改、社會忙著全民英檢、國家忙著走出去，人人都在盲茫忙，商周出版因此為忙碌的人們燉一鍋大補湯，用最活潑簡明的文句，把經典的精粹提煉出來，讓大家可以在「三上」（馬上、枕上、廁上）閱讀。在做完文字針砭、為語文把脈、把病痛治好後，讓我們來培元固本，增強功力，站在文化巨人的肩膀上，看得更高，飛得更遠！

（本文作者現爲台灣師範大學國文系教授）

〈專文推薦〉

從「中文經典一〇〇句」一窺中國文學的堂奧

朱桂芳

「語言」是學習的利器，語文好，學什麼都快。現在的小孩子好像更「命苦」，本國語以外，還要學母語、外國語，甚至第二外國語。時間還是一天二十四小時，壓縮之下，樣樣都學，無法專精。特別是本國語文，經籍浩瀚，古典文學與現代文學，不可偏廢。而學測考起來，無邊無涯，真是苦了這些孩子們！

海峽對岸的大陸教育部就主張：「語文是最重要的交際工具，是人類文化的重要組成部分。」大家也都瞭解，學習語文不外聽、說、讀、寫。生長在台灣的小孩「聽和說」不成問題，「讀和寫」那就要從長計議了，因為「羅馬不是一天造成的」。

聰明睿智的父母親要怎樣日積月累地培植孩子的國語文能力呢？一般孩子電腦「嘎嘎叫」，電玩如「草上飛」，通俗文學也沒問題，就是經典古文「莫宰羊」，因為他沒有機會拜讀、涉獵。如今有台灣師範大學國文系季旭昇教授總策畫，商周出版印行的「中文經典一〇〇句」系列，由公孫策執筆，精選史記名句一〇〇則，以現代語文，就出處——「名句的誕生」，白話語譯——「完全讀懂名句」，背景故事、典故及賞評——「名句的故事」，延伸與應用——「歷久彌新說名句」、「名句可以這樣說」，可謂一系列完整的呈現，更難得的是「中文經典一〇〇句」，未來還要陸續推出論語、古文觀止、孟子、詩經、戰國策、唐詩、宋詞等等，儼然是中國文學史的精華縮影。這是現代學子的大好良機，所謂「熟讀唐詩三百首，不會做詩也會吟」，開卷有益呀！

文學的最高精神境界不易窺探，登堂入室幾人能夠？「中文經典一〇〇句」的精微闡論是坊間少見的，它正是登堂入門中國文學的最佳選擇。

謹此，推諾給所有的老師、家長、學子們！祝優遊愉快。（本文作者現為台北市明湖國中校長）

〈專文推薦〉

一書多用．人人受用

廖輝英

對於一年平均創作二十五萬字以上的小說作者而言，文字當然是我最重要、也是必須要擅長到某種水準的工具。除了像我這樣的專業，有些人卻認為文字不過是為了表情達意，粗通即可，甚至錯字連篇也不算什麼大問題，所以，高中生週記錯別字滿紙，本就不值得大驚小怪；就連導師的紅批，短短兩小行，居然有兩個錯字，我期期以為不可，朋友竟怪我苛求：「人家又不是國文老師！」

這幾年評審各類文學獎，初審複審就被刷下的落選作品就算了；那些入圍或奪魁的作品，錯字竟有超過百字以上的！我曾提議扣分，別的評審反對：「我們又不是國文老師！」

其實，像文字這種基本功，不管是小說、散文或新詩，絕不能僅止於對或錯這樣的低標準。能突顯一位作家風格的，除了內容，就是文字；有時候，一位作者被記住的，往往是他的某些句子——因為，句子絕非僅是文字的組合，而是作者整個思想、情感和經驗體悟的總合，藉由他獨特的文字風采具象呈現。

或許有人認為：那是作家的事，其他行業的人何必在這方面如此苛求自己？我要說的是：錯了！一個人日常談話是否有趣、辯才能否無礙、企劃力好不好、邏輯組織及推理又如何，往往都與知識、舉例、發想、用字等等之是否得當有關。而這種能力絕對是可以培養的，那就是要多讀好書，而且要讀得通、懂得怎麼用。

可是，學生得應付各種考試、上班族被工作拖綁住、喜歡讀書的族群，又不知怎麼挑書——坊間一年出版那麼多這種那種的書，沒營養的、譁眾取寵的，根本就是浪費時間；而有些內容還可以的，作者偏偏把它寫得艱澀深僻、連自己都不知所云，叫讀者怎麼看得下去？閱讀如果不能成為樂趣，又如何帶給讀者好處？

以我這個專業讀書人（我平均三、四天會看一本書，有些小說，兩天便仔細讀完）不太嚴苛的挑書標準，一本書，只要能讓讀者增加知識、擴展視野、找到情緒出口和人生出路，哪怕只是一點點就好，也是值得的。當然，前提自然是好看、易讀，不會讓讀者一拿起來就充滿障礙的。

這本「中文經典一〇〇句」之「史記」，我本來有點排斥，因為中文字在這些年，被太多人和因素弄得支離破碎；現在再回頭去拾文言文的牙慧，會不會太晚？可是，當我讀了第一篇之後，竟然愛不釋手，不由自主便把它讀完。

我的結論是：這是一本對學生（國小高年級便可閱讀）、上班族、家庭主婦、社會新鮮人、大小主管、公司老闆……甚至演講名嘴等等各類靠文字或口傳為主要工作者的必讀好書！

首先，它很好看。司馬遷寫的歷史，公孫策用淺顯精確的白話文翻譯出來，讀來毫無困難。而且，其中有事件、有智慧、有情節，還有名句。本來可能是瑣碎、難記的歷史，經這樣一翻譯、一對照，讀的人多讀幾篇，文字功力自然大增，而歷史的知識也相對累積，非學生族類，甚至可以把它當好看的「閒書」閱讀，沒事練練口才、增加內涵，讓周遭的親友或同事刮目相看，也是一件有成就感的事。

再其次，這本書很有用。我們常說「文史哲一家」，工作與這三類有關的人，絕對開卷有益。而學科學或資訊的人，讀這本書也可以軟化硬梆梆的職場生涯，為自己開發一點談話內容、交遊資訊與生活視野。

對自己孩子作文能力感到憂心的父母，這本書是很好的自學本和親子共讀本。它有史記原文，有公孫策的白話譯文，還加上這些名句的誕生、意思、故事，甚至還引申出新的時代意義，並告訴讀者如何靈活運用這些名句在日常會話中。幾乎作文的基本教材和演講訓練都齊全了。

有時候，一本好書就能影響一個人。在這前提下，本書的確值得推薦。〈本文作者爲小說家〉

〈專文推薦〉

我不能忘記的《史記》閱讀之旅

蔡詩萍

在「中文經典一〇〇句」系列中，若沒有《史記》這一本，我無論如何不能同意。

我對《史記》是有特殊記憶與感情的。

這要從我國中時被國文老師逼著讀《古文觀止》談起。我的國中老師，當時硬逼著我們那一班一群毛頭小子，除了國文課本之外，指定的補充讀物，就是《古文觀止》。

我也很難講這種逼法，到底成效好到什麼程度，只能說我手上那一本精裝《古文觀止》，陪我直到大學畢業。每當我興致一起，就會隨手翻翻，讀上幾段。《古文觀止》裡選錄的《史記》文章，是我接觸、喜好《史記》，很重要的開端。

台大一年級時，與我同宿舍的一位歷史系室友，床頭書櫃上擺了一套五冊「河洛圖書版」的《史記》。我常看他拿紅筆點讀，不時我也借來隨手翻看，兩人就那麼海闊天空，聊項羽、聊劉邦、聊荊軻。大二時，他要搬出宿舍，嫌書太重，就廉價的半賣半送，把那套《史記》，置放到我的床頭書櫃了。

這是我生平第一次擁有成套的《史記》。

我愛讀《史記》，還有一個推波助瀾的因素。大一時我讀過一本愛不釋手的書，當時不知道作者是誰，書名《司馬遷及其人格與風格》，我那版本還是「開明書店」的。作者極其流暢的論述與抒情筆法，尤其吸引我對《史記》的興趣。一位傳奇性的史家，記錄了諸多傳奇性的人與事，這是我對《史記》最深切的印象。

當然，只有翻開《史記》，跟隨司馬遷的敘述，才能細嚼慢嚥「史記文體」的美。

我至今都不能忘記，我讀到〈刺客列傳〉裡，描述專諸、豫讓、聶政、荊軻等俠客的情節時，簡直可以用如癡如醉來形容。尤其是佳句如潮，信手拈來都很傳神，像豫讓說：「士為知己者死，女為悅己者容」、「皆眾人遇我，我故眾人報之」、「國士遇我，我故國士報之」；又如描述荊軻的為人，說他「雖游於酒人乎，然其為人沉深好書」，這些句子在我年少時段，又是如何激盪我浪漫遐想的情懷啊！

《史記》之美，在司馬遷的鉅視宏觀，在他描刻人物的栩栩如生，在他筆法的迭宕起伏，古典時期的散文之美，不讀《史記》，無法一窺堂奧。

公孫策很有耐心，把他讀《史記》的心得，透過「名言名句」的摘錄，寫成這本《中文經典一〇〇句——史記》，既可讓讀者回味一下我們常常用到的不少典故，究竟從何而來？《史記》竟然是其中極為重要的一個「典故寶藏」！

就如同我國中時，因為國文老師的硬逼、強逼，種下了時時翻閱《史記》的習慣，我誠摯的以為，讀者若把這本《中文經典一〇〇句——史記》當成手邊冊，搭捷運、等車之際，約會等人之餘，隨手抽一頁看看，也許一百則「史記名言」，很快的就可融入腦海，變成自己智慧的一部分。「史記文體之美」，美在它是有個性的創作。

（本文作者爲作家、廣播電視主持人）

（代序）藏之名山，傳之其人

司馬遷著《史記》，司馬光編《資治通鑑》，兩位司馬先生都是史學大師。然若以一般讀者的角度看這兩部巨著，後者是編年體，只合用來蒐尋紀實；前者則是一篇又一篇的故事，讀來脈絡分明，先後連貫。更重要的是，司馬遷的文學造詣實在太棒了，全書充滿著流傳後世、至今琅琅上口的成語、名句——這正是我們選擇《史記》做為「中文經典一〇〇句」系列第一波的原因。

司馬遷的父親司馬談擔任太史令，執掌有如今日國史館長。古人對歷史的態度敬慎，國家重要文件都先送史官（記錄史實），再送丞相（辦公）。司馬遷在《史記》中稱父親和自己為「太史公」，都是自稱，而非官職名稱，但那不是他要自抬身價，而是出於對歷史的敬重。

〈太史公自序〉當中，司馬遷詳述他作《史記》的由來。司馬談的遺志是繼孔子做《春秋》之後，再完成一部貫通古今的史書。於是，司馬遷在繼任太史令之後，全心全意投入《史記》的著作。

不幸的事情發生，漢武帝派貳師將軍李廣利為帥北伐匈奴，大敗，李廣的孫子李陵孤軍無援而投降。司馬遷幫李陵講了幾句「好話」，卻觸怒了漢武帝，認為他幫李陵講話，有貶抑李廣利的意思。而李廣利是皇后李夫人的兄弟——開罪了當權外戚，司馬遷被處以「宮刑」。

古時候「刑不上大夫」，士大夫被判處宮刑，一般皆視之為奇恥大辱，通常反應是自殺以明志。但是司馬遷忍下了這個恥辱。為什麼？為的就是要完成《史記》。

司馬遷在寫給好朋友的信〈報任少卿書〉（任少卿名任安，事見本書「將門之下必有將類」故事）當中細述心跡：

古時聖賢在歷經困厄之後，多有發憤而為的著作，例如周文王《易經》、孔子《春秋》、屈原

《離騷》、韓非《孤憤》等。司馬遷著《史記》的目標，就在於「究天人之際，通古今之變，成一家之言」，完成以後，希望能「藏之名山，傳之其人」。

為什麼要「藏之名山」？因為《史記》書中記述了太多「當朝不喜歡的史實」，例如漢高祖劉邦背信而打敗項羽，又藉故誅殺功臣，漢文帝殺兄弟，漢景帝誣殺周亞夫，漢武帝醉心「封禪」、追求長生不老等。他做了最壞的打算：這部《史記》可能會被銷燬或成為禁書，所以可能得藏之名山，改朝換代以後才能傳之其人。

幸好，這事情沒有發生，《史記》一直流傳下來，毋須藏之名山，也不必待人發掘古籍而後重見天日。而我們得以欣賞到司馬遷的高妙文學，透過他的文學包裝，我們更能興味盎然的讀到歷史故事。

當然，《史記》的精髓之一，就在司馬遷創作出來的名言名句。中間有一些名句雖非他的原創，但是如何將諺語和前人智慧語言應用在最恰當的地方，更是精髓中的精髓——這又是我們出版「中文經典一〇〇句」系列的出發點。

現代人生活緊湊繁忙，講求實用、即用。除了少數對歷史極有興趣的人之外，鮮少有人能讀完整部《史記》。甚至坊間那麼多節譯故事或介紹成語的書籍，也未必具有即用的功能。

《中文經典一〇〇句——史記》可以當故事書看，但實用性高於一般故事書；可以當工具書用，但趣味性又高於一般工具書（如成語辭典）；當然可以當作文史科課外讀物，肯定對作文能力大有幫助，尤其每個單元都刻意的寫得短淺易讀。

我們不求藏之名山，但求傳之其人，期待本書能受到大家的應用。

公孫策　序

二〇〇四年十二月

大風起兮雲飛揚——本紀

燕雀安知鴻鵠之志——世家

Contents／目錄

Contents／目錄

史記100

大風起兮雲飛揚

——本紀

防民之口，甚於防川

名句的誕生

召公曰：「防[1]民之口，甚於防水。水壅[2]而潰[3]，傷人必多，民亦如之。是故為水者決[4]之使導[5]，為民者宣[6]之使言。」

〈周本紀〉

完全讀懂名句

1. 防：在這裡是治理而非堤防的意思。
2. 壅：堵塞不通。
3. 潰：指大水沖破堤岸，四處奔流。
4. 決：指疏通水道。
5. 導：疏導。
6. 宣：宣洩，表達。

昭公說：「防堵民眾的言論，比防堵水更為嚴重。渠道若是堵塞不通，讓大水沖破了堤岸，必定會給眾人帶來災害。民意也是如此。所以治水的人要疏通水道，引導水流，治理人民的人要疏通管道，讓人民能夠發言表達意見。」

名句的故事

周厲王暴虐且奢侈，國人有很多怨言，厲王不高興，就派一位衛國的巫者負責監視詆毀他的人，凡被檢舉者就殺掉。於是批評的人少了，但四方不服，諸侯不再入朝，厲王卻更加緊控制言論，造成國人不敢互相談話，走在路上只敢以目示意。厲王為此沾沾自喜，對輔政大臣召公說：「我已經消弭雜音了，現在沒有人敢再批評我的施政。」

召公說：「那只是堵住批評者的嘴巴而已啊！防堵民眾的言論，比防堵水更為嚴重，水如果壅塞而潰決，一定會造成很大的傷亡，民意也一樣。所以，治水要疏導讓它流暢，治民要讓言論有宣洩的空間。……人民心中有意見而發出聲音，其中有好的就採納施行，如果塞住人民的嘴巴，還有多少人會心向著天子呢？」

厲王聽不進這番話，於是國內沒人敢出聲批評。三年後，叛亂四起，厲王出國逃亡，由召公與周公執政，號稱「共和」，十四年後，厲王死在國外，召公與周公還政於太子周宣王。

歷久彌新說名句

自大禹治水以後，疏導重於築堤防已成為至理，自周召公以後，「防民之口甚於防川」也成為至理名言。春秋時，鄭國的知識分子經常聚集在鄉校評論時政，有人建議執政大夫子產廢掉鄉校，子產說：「幹麼廢鄉校？那些意見當中，人們喜歡的我就施行，人們不喜歡的我就改正，他們好似我的老師啊！何必廢掉它呢？我只聽說盡忠為善可以減少怨謗，沒聽說過威權鎮壓可以防絕怨言，好比治理河川，若堤防潰決，必定造成重大傷害，想救都來不及，不如開個小口使它流通，更不如我聽到批評後對症下藥。」

後世能體會這句名言的明君賢相固然不乏，但是聞過則怒、箝制言論的昏君權臣更不在少，國之興衰就在這個「防」字的體認上了。

名句可以這樣用

如果發生這樣的事情：暴雨造成了水患，而主管機關或主事首長卻不接受輿論的批評，這時候我們就可以問他：「防治水患固然是當務之急，但是利用天災來要求輿論停止批評，難道不懂得防民之口甚於防川的道理嗎？」

先發制人，後發制於人

名句的誕生

會稽守通[1]謂梁[2]曰：「江西皆反，此亦天亡秦之時也。吾聞先即制人，後則為人所制。吾欲發兵，使公及桓楚將。」

〈項羽本紀〉

完全讀懂名句

1. 會稽守通：這裡指兼攝會稽郡郡守的殷通。
2. 梁：項梁，生卒年不詳，楚將項燕的兒子，項羽的叔父。

會稽郡代理郡守殷通對項梁說：「江西一帶地方全反了，這正是上天要亡秦國的時刻。我聽說：『先發動就能讓別人受我控制，動作慢了就受人控制。』我準備起義，並且任命先生您與桓楚為將領。」

名句的故事

這句名言大家都懂，其實早在《史記》之前，《荀子》就說：「制人之與為人制也，其相去遠矣。」意思就是主動與被動有著天壤之別，而率先行動者往往能搶得主動地位。

秦二世時，陳勝、吳廣揭竿起義，南方風起雲湧，會稽郡代理郡守殷通對項梁說了上述一番話。

當時，桓楚藏匿在沼澤地帶，項梁說：「桓楚逃匿，只有項羽知道他藏在哪裡。」於是項梁出去吩咐項羽「如此如此」，再回室內對殷通說：「請你召見項羽，命令他去召回桓楚。」等到項羽進入，接受命令，才過一會兒，項梁示意項羽：「可以動手了。」

於是項羽拔劍斬下殷通的腦袋，項梁手中拎著郡守腦袋，腰佩著郡守的印綬走出去，郡政府人員見狀驚慌紛亂，項羽擊殺數十百人，鎮住了局面。

項梁召集他熟識的豪傑和吏士，告知他們要起義，募集兵馬八千人，任命自己為會稽郡守，項羽為裨將，攻略附近縣城。

歷久彌新說名句

殷通說的是至理名言，項梁當然也懂，但是殷通先開了口，項梁當場成為「後發制於人」，為了搶回主動先機，只好叫項羽動手斬了郡守的腦袋，才能控制全局，可憐殷通空有大志，卻未防到這一招，白丟了性命。

項羽從小跟著叔叔項梁，學書不成，學劍又不成，項梁責罵他，項羽說：「讀書只不過記名姓而已，劍術也不過一人敵，不值得學，要學就學萬人敵。」於是項梁教他兵法。

秦始皇南巡到了會稽山，項梁和項羽都去看熱鬧，項羽見了皇帝陣仗，說：「彼可取而代之也。」項梁急忙掩住他的嘴，說：「別亂說，這可是滅族大罪。」卻從此看重這個志氣不凡的姪兒。

名句可以這樣用

「先發制人，後發制於人」、「學萬人敵」、「彼可取而代之也」，都是好用且不大會誤用的名句。但得注意一點，先發制人和「先下手為強」在使用上有層次的差異，前者是關照全局形勢的高層次，後者多半只用在動手的低層次。

楚雖三戶，亡秦必楚

名句的誕生

范增[1]往說項梁[2]曰：「陳勝[3]敗固當。夫秦滅六國，楚最無罪，自懷王入秦不反[4]，楚人憐之至今，故楚南公曰：『楚雖三戶，亡秦必楚』也。」

〈項羽本紀〉

完全讀懂名句

1. 范增：人名，項羽的謀士，輔佐項羽稱霸諸侯。後來項羽中了漢的反間計而懷疑范增，范增便離開了項羽，後來死於背疽。也稱為「亞父」。

2. 項梁：人名，是楚將項燕的兒子，同時也是項羽的叔父。秦末，陳勝起兵，項梁與項羽起兵吳中響應，後來項梁為秦將章邯所敗而死。

3. 陳勝：人名，秦二世時，與吳廣起兵，天下之士相率歸向。不久便自立為楚王，後為部下莊賈所殺。

4. 反：同「返」。

范增前往游說項梁，說：「陳勝失敗是應該的。當年秦滅六國，楚國最冤枉，自從楚懷王遭到秦國扣留不得回國以來，楚人至今仍很同情他，所以楚國的南公說：『楚雖三戶，亡秦必楚。』」

名句的故事

秦滅六國，楚國可說是被詐術而非實力所滅，而楚懷王這位昏君被騙去秦國後就一直遭扣留，所以楚國人恨死了秦國。南公是楚國一位陰陽家，他做了一個預言（讖）：楚雖三戶，亡秦必楚。

范增游說項梁時還提到，雖然陳勝首先揭竿起義，可是他不立楚王後代，而自立為王，敗亡的命運是注定了的。當項梁自江東起義，因項家世代為楚將，所以才有那麼多楚國人爭著要來歸附，其實眾人是希望項梁能擁立楚王的後代。

項梁聽了，認為范增的話有道理，就派人尋訪楚王後代，結果找到一個牧羊童名叫「心」，是楚懷王的孫子，就擁立他為楚懷王。

歷久彌新說名句

范增點出了一個重點：「正統」在政治號召上，有著無與倫比的力量。

王莽篡位是因為西漢末年的政治搞得民不聊生，而他刻意營造自己仁慈的形象所以得到支持，可是一旦他的改革造成人民更大的災難，立即「人心思漢」，各路起義軍都推出姓劉的當領袖，最終由漢光武帝劉秀統一全國。

東漢末年董卓之亂，群雄並起，最終形成三國，近人姚季農分析為什麼是這三國，因為曹操挾天子以令諸侯，天子是正統；劉備是漢室宗胄，具有「血統」；孫堅在洛陽的宮井中撈到了傳國玉璽，也視為一個「正統」。當然這只是一個說法，但正統的號召力量是極大的。

歷史上，東晉、南宋與明朝在北方政權滅亡以後，都是推出皇室後裔做為號召，以對抗北方異族，而能維持或長或短的局面，其他缺乏正統號召的「義軍」都不成功。由此亦可見范增獻的這一策，正是後來項氏成功極為重要的一個政治戰略。

名句可以這樣用

這一句通常在復興、復仇，並表示決心時應用，相對於少康中興「有田一成，有眾一旅」，楚雖三戶的實力更為薄弱。另外，句踐復國「臥薪嘗膽」則應用在雖失敗但非完全滅亡的情況。

其志不在小

名句的誕生

范增說項羽：「沛公[1]居山東時，貪於財貨，好美姬。今入關，財物無所取，婦女無所幸，此其志不在小。」

〈項羽本紀〉

完全讀懂名句

1. 沛公：劉邦起兵沛縣，時人稱之為沛公。

范增提醒項羽：「沛公過去貪財好色，如今入關後卻不取財物，不貪美色，顯見他的野心不小。」

名句的故事

楚懷王與諸將約定「先入關中者為王」，項羽一路痛擊秦軍主力，聲威顯赫，可是劉邦一路收買秦將、懷柔百姓，反而先入咸陽。項羽大怒，全力攻破函谷關，來到咸陽城外。

劉邦入關以後，聽從樊噲、張良的建議，對阿房宮中財貨、美女、珍奇異獸通通不動，擺出「恭候」項羽來到再處置的低姿態。

當時，項羽兵力四十萬，劉邦兵力十萬，范增曉得項羽的個性吃軟不吃硬，唯恐項羽見劉邦態度恭順而放過摧毀勁敵的大好機會，所以做前述提醒，並且還加了一句：「我派人望劉邦的氣，真的有天子之氣，趕快攻擊他，別失去了大好機會。」

歷久彌新說名句

劉邦和項羽的世紀對決，肯定是歷史上最精采的一段，後來的諸葛亮對上周瑜雖然也精采，但畢竟格局及不上。兩者異同之處，在周瑜看出諸葛亮是未來心腹之患，卻害不死他，而范增看出劉邦「其志不在小」，項羽卻下不了手。

如果不從對手競爭的角度，純就識人之術來看，一個人能夠面對誘惑而不動心，就顯示他「其志不在小」。孟子所謂：「富貴不能淫，貧賤不能移，威武不能屈」，三者之中，富貴不能淫（「淫」是放縱、過度的意思）的確是較難做到的一點。

北宋二位名臣王安石和司馬光，處在當時風氣崇尚奢華的政壇當中，王安石屢次自請離開中央，外放到地方去做官。不做京官做外官在他人看起來是傻子，可是范仲淹、歐陽修都看出「此子未來必不可限量」。司馬光中了進士「聞喜宴獨不戴花」，也是得意而不放縱的表現。果然，此二人都成為一代名臣。

名句可以這樣用

凡人都懂得「西瓜偎大邊」的道理，這個「偎」字是「依靠」的意思，當一個人吃西瓜不揀大塊時，顯示他的謙讓，但是謙讓雖為美德，卻壓抑了人的本性，為什麼要壓抑本性？因為志不在小。而為什麼仍有人會選擇依靠眼前劣勢的一邊呢？因為看出來「雖居劣勢，其志不在小」啊！

項莊舞劍，意在沛公

名句的誕生

良曰：「甚急。今者項莊[1]拔劍舞，其意常在沛公也。」

〈項羽本紀〉

完全讀懂名句

1. 項莊：項羽的堂兄弟。

張良（對樊噲）說：「形勢非常危急，此刻項莊在席上拔劍起舞，其實是想要刺殺沛公。」

名句的故事

有名的「鴻門宴」故事。

范增勸項羽攻擊劉邦，項羽的一位叔叔項伯因為欠張良一份救命之情，連夜拜訪張良，勸他「不必陪劉邦一起死」，卻反而在張良的勸說和劉邦的刻意攏絡（結為兒女親家）之下，回頭幫劉邦做和事佬（說項）。

第二天，劉邦前往項羽駐軍的鴻門向項羽致意，項羽以酒宴款待劉邦。范增一再以目示意，並且三次拿起身上佩戴的玉玦（玦，環形有缺口，象徵決斷），暗示項羽斷下殺手，可是項羽默然不應。

於是范增起身出帳，叫進項羽的堂弟項莊當席舞劍助興，伺機擊殺劉邦。項伯見準親家有危險，也起身舞劍，以身體掩護劉邦。

張良見情勢險峻，乃出外叫進樊噲，樊噲衝進宴會「鬧場」，劉邦於是藉上廁所的機會，「尿遁」溜回自己的軍營。

歷久彌新說名句

酒宴上舞劍，名為助興，實另有圖謀。歷史上另一場富有戲劇性的酒宴是宋太祖趙匡胤的「杯酒釋兵權」。

趙匡胤的天下是得自諸將「黃袍加身」，所以他即位之後，不能不擔心那些仍然手握兵權的將領。然而，趙匡胤並不是那種誅殺功臣的皇帝（如劉邦、朱元璋），所以他採取了比較溫和的手段。

有一天，趙匡胤在宮中宴請禁衛軍將領石守信、王審琦等，酒過三巡，對他們說：「若不是諸位，朕也沒有今日。可是當了皇帝之後，朕的心情卻不安寧，每天晚上都輾轉難眠，因為，如果有機會的話，誰不想當皇帝呢？」

在場將領紛紛表態絕無二心，趙匡胤再說：「我也相信你們啊！可是如果你們的屬下當中有人謀求富貴，硬要你們做皇帝的話，恐怕那時也不能自主了！」

禁軍將領們聞言個個惶恐，第二天紛紛提出辭呈，外放當節度使，宋太祖收回禁軍兵權。這是另一種形式的「項莊舞劍」，沒有刀光劍影，可是形勢同樣險峻。

名句可以這樣用

凡是表面理由冠冕堂皇，其實另有所圖的，都可以用「項莊舞劍」來形容，留下半句不說出來，味道還更濃喲！

大行不顧細謹，大禮不辭小讓

名句的誕生

樊噲曰：「大行[1]不顧細謹[2]，大禮不辭小讓[3]。如今人方為刀俎[4]，我為魚肉[5]，何辭為？」

〈項羽本紀〉

完全讀懂名句

1. 大行：做大事的意思。
2. 細謹：拘泥細微末節。
3. 讓：辭讓，意謂口頭上的禮貌。
4. 刀俎：指刀子和砧板，是切割魚肉的器具，用來比喻宰割者或迫害者。
5. 魚肉：指魚和肉都是任人宰割的物品，比喻無力抵抗。

樊噲（對劉邦）說：「做大事不要太顧慮細節，奉行大禮節不必計較小身段。此時此刻，人家好比菜刀和砧板，我們則猶如魚肉待宰割，哪裡有工夫辭行？」

名句的故事

劉邦「尿遁」脫離鴻門宴，說：「我們就這樣子跑出來，沒有向主人辭行，怎麼辦？」樊噲就對他說了前面那番話，然後劉邦一個人騎馬急忙奔回己方軍營，只交代張良，將白璧一對致贈項羽，玉斗（飲酒的玉杯）一對致贈范增。樊噲等諸將行動後，則拿著劍盾步行回營（負責斷後）。

張良入帳，說：「沛公不勝酒力，無法辭行，已經回營了，特地派我奉上禮物。」

項羽收下白璧，放在座位旁邊。范增接過玉斗，放在地上，拔出劍來，一傢伙砍碎了玉斗，說：「哎！豎子不足與謀。將來奪取項王天下的，肯定是沛公。我們都將成為他的俘虜。」

歷久彌新說名句

事實上，劉邦出身平民，甚至可以說是無賴一個，以他的性格，應該不會考慮回頭再向項羽辭行，可能是司馬遷不好將開國君王寫成喪家之犬，於是借樊噲之口將這一幕「落跑」合理化。看看劉邦怎麼跑的就知道了：他一個人騎馬，諸將步行斷後，還真是「不顧細謹」哩！甚至可以說是不講義氣了。

在往後楚漢相爭的過程當中，類似這一幕的狀況重複出現，包括在一次戰敗逃跑當中，劉邦還曾將兒子、女兒推下車子，以減輕車上重量，好能夠跑得快一點。

名句可以這樣用

「大行不顧細謹，大禮不辭小讓」這二句既好用，講出口又有學問，用在勸老闆、上司「不必顧及面子」時，老闆還會感激你。這二句和「泰山不讓土壤，河海不擇細流」雖都有不計較小處的意思，但後者偏向「肚量大、胸襟闊」，通常用在包容各方面人才之時。

「豎子不足與謀」則是典型的懷才不遇、有志難伸，特別是對上司使用。由於這是一句罵人的話，不可能被人欣然接受，所以除非存心翻臉，否則千萬別當面講。范增就是活生生的例子，他有襄助項梁起義的功勞，屬於「長征老幹部」等級，對項羽不免倚老賣老，後來終於被項羽炒魷魚，而且死得不明不白。

分我一杯羹

名句的誕生

漢王曰：「吾與項羽俱[1]北面[2]受命[3]懷王[4]，曰『約為兄弟』，吾翁[5]即若翁，必欲烹而[6]翁，則幸分我一杯羹。」

〈項羽本紀〉

完全讀懂名句

1. 俱：都，全。
2. 北面：古代臣子面向北方朝見天子，因此以北面代替臣子的地位。
3. 受命：表示受君之命。
4. 懷王：楚國國君的後裔，名心，是楚懷王孫。
5. 翁：父親的意思。
6. 而：同「爾」，你。

劉邦說：「我跟項羽一同受楚懷王之命，懷王要我們約為兄弟，所以我的老爸就是你的老爸，如果一定要烹殺你老爸，那就別忘了分我一杯羹。」

名句的故事

劉邦對項羽的戰事屢敗屢戰，正面主力雖然節節失利，但是盟軍彭越、韓信等不停地在項羽後方進行襲擾戰，斷絕其軍糧道，令項羽非常頭疼。於是項羽搭建一座高俎（放食物的几），將被俘的劉太公（劉邦父親）放在上頭，並派人通知劉邦：「若再不趕緊投降，我就烹了太公。」

劉邦的無賴性格再次展現其威力，他對項羽的使者說出了「分我一杯羹」這句名言。項羽聞言大怒，準備真的烹殺太公，這時項伯又在一旁講情：「天下事還很難說，而且爭天下的人是不顧家的，即使殺了太公，對戰事也無助益，只會增加仇恨而已。」項羽接受了他的意見。

歷久彌新說名句

從劉邦的角度，投降是否就能換回老爸的性命？也許，但自己的腦袋肯定很難保住，所以他其實並沒有答應投降的餘地。然而，面對父親的生死存亡關頭，講得出這樣一句話來，誠可謂「死皮賴臉到了家」。

從項羽的角度，這一招的確不太高明。若要用太公的性命威脅劉邦，派個人私下去講就好了，搭個高俎幹什麼？如果真的烹殺了太公，徒然增添一項「殘暴不仁」的紀錄而已。

至於項伯，實在不明白他「站在哪一邊」？楚漢雙方是你死我活的情勢，他卻老是幫敵人「說項」，根本是個「內奸」。而項羽不肯聽范增的逆耳忠言，反而老聽項伯為敵人講情，最終失敗就不足為奇了。

司馬遷很有技巧，這一段和劉邦逃亡時將兒子女兒推下車子的故事，他都「藏」在〈項羽本紀〉而非〈高祖本紀〉裡面，否則的話，《史記》有可能在當時就被毀掉，後世根本看不到了。

名句可以這樣用

時至今日，「分一杯羹」已經沿用成為分利潤的習慣用語，然而，語氣依然輕佻而不莊重，所以用於諷刺意味則可，用於正面的合作則不宜。尤其在明白典故之後，「分我一杯羹」千萬要慎用，免得因此貶低了自己。

養虎自遺患

名句的誕生

漢欲西歸，張良陳平說曰：「漢有天下太半，而諸侯皆附之。楚兵罷[1]食盡，此天亡楚之時也，不如因其機而遂取之。今釋[2]弗擊，此所謂『養虎自遺患』也。」

〈項羽本紀〉

完全讀懂名句

1. 罷：此處讀作ㄆㄧˊ，pí，勞乏、困倦。通「疲」。
2. 釋：放棄，捨去。

（項羽和劉邦完成和談約定，以鴻溝為界，以西為漢，以東為楚。）劉邦準備向西撤軍，張良和陳平勸他：「漢擁有天下大半土地，而各路諸侯都心向我方，楚軍兵罷（疲）且糧草已盡，這是上天要亡楚的大好時機，不如趁這個機會一鼓作氣打垮他。如果今天放他回去而不攻擊，就是所謂『養老虎卻留給自己禍患』啊！」

名句的故事

劉邦和項羽的戰事，除了二人EQ上的優劣和張良、韓信等智計卓越之外，劉邦每次都能先占領糧倉以進行持久戰，暗渡陳倉是一例，據守敖倉再斷楚軍糧道（見「分我一杯羹」）又是一例，終於項羽兵疲糧盡不得已答應和談。

項羽遵守和約引兵東歸，可是劉邦採納了張良、陳平的建議，率軍追擊項羽，這一次，攻守易位，主動權到了劉邦手上。（讀者請再回味一下「先發制人」。）

劉邦同時聯合韓信和彭越，答應事成之後「陳縣以東歸韓信，睢陽以北到穀城歸彭越」，於是不但韓信、彭越起兵響應，各路諸侯見追隨劉邦有「好康」，紛紛加入聯軍陣營。

歷久彌新說名句

對敵人仁慈就是對自己殘忍，范增在鴻門宴之後就警告過：「奪項王天下者必沛公也。」可是項羽從來就瞧不起劉邦，關中放過一次，滎陽又放過一次，而劉邦卻始終有防人之心，入巴蜀時燒毀棧道，這一次更背信違約，終於贏得最後勝利。

歷史上「養虎遺患」的例子不勝枚舉，大家熟悉句踐復國的故事，吳王夫差已經將句踐團團圍困在會稽山上，後來卻放回句踐，最終落得個自己身死國亡。

名句可以這樣用

相似的一句成語是「縱虎歸山」，前述夫差和句踐的例子，比較接近縱虎歸山。因為老虎已經關在籠子裡了，卻還放他回山，比起項羽因缺糧而不得已和談，縱虎歸山比養虎遺患似乎更不應該。

這樣看來，劉邦才是虎，項羽是縱虎的獵人，放走了老虎還不防備老虎反撲，項羽夠糊塗，也算活該！

力拔山兮氣蓋世

名句的誕生

項王乃悲歌慷慨，自為詩曰：「力拔山兮氣蓋世，時不利兮騅[1]不逝，騅不逝兮可奈何？虞兮虞兮奈若何？」歌數闋[2]，美人和之，項王泣數行下，左右皆泣，莫能仰視。

〈項羽本紀〉

完全讀懂名句

1. 騅：馬蒼白雜毛曰騅。
2. 闋：歌曲一首為一闋。

項羽的胯下名駒叫做「騅」，他的愛姬名叫「虞」，這首詩是項羽兵困垓下「四面楚歌」時唱出，大意是：「我是力拔山兮氣蓋世的英雄，怎奈時運不濟，連累騅也失去奔馳沙場的表現機會，心愛的虞啊！我又該如何安置妳呢？」

項羽飲酒放歌，虞姬為他和聲，項羽邊唱邊落淚，左右侍從陪著哭泣，連頭都抬不起來。

名句的故事

張良和陳平向劉邦獻計，背盟毀約追擊楚軍，並且聯合韓信、彭越將楚軍包圍在垓下，韓信派人在晚上四面唱起楚地歌謠，項羽以為漢軍已經略得楚地，自己的根據地被襲取，登時鬥志崩潰。此時此刻，他想到的卻只有胯下名駒和枕邊美人，完全一幅英雄氣短的景象。

《史記》沒有記載虞姬的下場，但《楚漢春

秋》記載著，虞姬為項羽唱和，歌詞是：「漢兵已略地，四面楚歌聲，大王意氣盡，賤妾何聊生。」唱完以後，自刎而死。

雖然《楚漢春秋》是後世的小說筆法，虞姬的歌詞完全不是那個年代的語言。然而，虞姬看出項羽已無鬥志，自刎而死以斷絕項羽戀棧之念，激發其餘勇突圍，是合理的推陳。

至於那匹駿馬「騅」，項羽後來在自刎前，送給了烏江亭長。

歷久彌新說名句

形容一個英雄人物的勇力與氣概，我們常用這句「力拔山兮氣蓋世」。然而，歷史上成者為王，敗者為寇，成王敗寇的決定因素卻往往取決於EQ，從劉邦「分我一杯羹」的黏勁，到項羽「力拔山兮氣蓋世」的扼腕，再對照劉邦得天下以後「大風起兮雲飛揚」的得意，讀者自能體會個中道理。

名句可以這樣用

與其沉浸於項羽「力拔山兮氣蓋世」的一時風光，寧可獲得劉邦「大風起兮雲飛揚」的最終勝利，我們一定要挺得住一時的挫折，這才是「愛拚才會贏」的道理。

明修棧道，暗渡陳倉

名句的誕生

漢王之國，（……）去輒[1]燒絕棧道[2]，以備諸侯盜兵襲之，亦示項羽無東意。（同章）漢王用韓信之計，從故道還，襲雍王章邯[3]，邯迎擊漢陳倉[4]。

〈高祖本紀〉

完全讀懂名句

1. 輒：就，即。
2. 棧道：此處指古代在今川、陝、甘、滇等地，於山崖峭壁上鑿孔架木而築成的一種道路，又名「閣道」、「棧閣」。
3. 章邯：秦代名將，因為趙高專權，拒卻章邯所請，於是投降項羽，被立為雍王，都於廢邱；後被漢將韓信所滅。
4. 陳倉：地名，在今陝西寶雞市東。

劉邦受封巴蜀、關中，成為漢王，（……）走過之處便將出入的棧道全部燒毀，防備諸侯領兵偷襲，也表明自己無意東進的態度。（同章）劉邦採納韓信的計謀，從故道小徑直奔陳倉，攻擊雍王章邯，章邯率兵馳援陳倉，兩軍交戰。

名句的故事

項羽大封諸侯為王，可是未依當初約定（先入關者為王），將關中封給了秦國三降將，而將劉邦封到了巴蜀、漢中。劉邦忍氣吞聲前往封地，接受張良的建議，將走過之處的棧道通通燒掉，一方面防備諸侯可能有人從後方偷襲，二方面表示「無意東進」讓項羽放心。

後來，劉邦用韓信的計謀，明著要修棧道，暗地由陳倉奇襲關中。韓信的計謀非常高明。劉邦一邊下令樊噲、周勃等漢軍名將率領人馬進行棧道修復工程，並且「限期三個月完工」，可是蜀道難於上青天，工程才進行幾天就喪失了數十條人命。只不過，這麼明目張膽的大動作，當然驚動了三秦，將重兵集結在棧道口防守。

事實上，劉邦當時已經拜韓信為大將，主力不在樊噲、周勃而在韓信手中。劉邦與韓信一舉拿下陳倉、攻進關中。時間還不到三個月，而棧道修復工程才進行不到十分之一。

歷久彌新說名句

兵法講求「奇正相生」，正是主力、奇是側翼，但是要靈活運用「正示之以奇，奇示之以正」，如果能夠運用得巧妙，就不必有太多複雜的戰術，只要正兵、奇兵就夠用了。

用在棒球上面，一個好投手其實只要快速球加上滑球（或變化球、變速球）就夠了，重點在快速球一定要夠快（不到三個月攻進關中），加上配球的節奏讓打擊者捉摸不著。

日本戰國時代德川家康對付豐臣秀吉的「小牧之戰」就充分掌握了這個原則——主力變換、移動快速。

二次大戰盟軍諾曼第登陸之役，也針對附近幾個海灘進行先期轟炸，就是標準的「明修棧道，暗渡陳倉」。

名句可以這樣用

商場上的戰爭也同樣兵不厭詐，例如某財團一方面放話要合併A銀行，讓競爭對手將注意力集中在A銀行，暗地裡卻無聲無息地買進B銀行股票，就是「明修棧道，暗渡陳倉」。

「暗渡陳倉」也經常單獨應用，假設某財團只是暗中收股票，而沒有假放話與假動作，就只能用「暗渡陳倉」了。

只知其一，不知其二

名句的誕生

高祖曰：「公知其一，未知其二。夫運籌策帷帳之中，決勝於千里之外[1]，吾不如子房[2]；鎮國家、撫百姓、給餽饟[3]、不絕糧道，吾不如蕭何；連百萬之軍，戰必勝、攻必取，吾不如韓信。此三者，皆人傑也，吾能用之，此吾所以取天下也。」

〈高祖本紀〉

完全讀懂名句

1. 運籌策帷帳之中，決勝於千里之外：指在帳幕中謀劃策略，並掌握操控千里以外的作戰形勢，取得勝利的戰果。

2. 子房：張良，字子房。

3. 饟：讀作ㄒㄧㄤˇ，xiǎng，同「餉」，指軍警的薪俸、糧食。

漢高祖劉邦說：「你們只看見其中一個原因，卻未見更重要的因素。要論在營帳內決定戰略，取得在千里外的戰事勝利，我不如張良；主持政府、安撫百姓、供給前線糧餉無缺，我不如蕭何；率領為數百萬的各路聯軍，戰必勝、攻必取，我不如韓信。這三位都是人中豪傑，而我能夠任用他們，正是我得天下的主因！」

名句的故事

劉邦得天下之後，在宮中擺酒筵款待群臣，

席間劉邦要大家發表意見，陳述「為什麼我能得到天下，而項羽失去天下」的看法。

高起和王陵表示：「陛下待人傲慢，項羽待人寬厚。可是，陛下派人攻城略地，得勝之後總是將土地、軍隊賞賜給有功將領，這是『與天下同利』的作風；項羽卻對有功勞、有能力的人嫉妒甚至暗害，攻城略地之後又不分封給有功人員，因此失去了天下。」

劉邦同意高、王二人的說法，但是提出了更重要的理由。

歷久彌新說名句

事實上，劉邦在與項羽對峙且形勢危急之時，也有人建議他分封各地軍閥為王，以爭取同盟，卻被張良勸阻，並銷毀了已經鑄好的印信。關鍵在於：天下大勢未明之前分封諸侯，意味著結交盟友；而已得天下定於一尊之後，論功行賞分封諸侯的忠誠度是大不相同的。

劉邦這番話其實蘊涵極高的政治宣示作用。以前是槍桿子出政權，有功者裂土封侯；以後要治理國家，有才能者都有希望。而且，劉邦表示自己是一位能夠賞識人才、任用人才的老闆，只要有真才實學，套一句閩南語諺語「有頭殼，免驚無紗帽可戴」，用意在號召人才。

名句可以這樣用

這個故事裡有另一則名句「運籌（策）帷幄之中，決勝於千里之外」，這已經成為歷代所有軍師、謀士的最高評價，同樣適用於今日工商社會的傑出企畫人員。

至於那些自命「天縱英明」，以為任用奴才就可以長保天下的政治、企業領袖，那真是「只知其一，不知其二」了。

天無二日，民無二王

名句的誕生

太公[1]家令[2]說太公曰：「天無二日，土無二王。今高祖雖子，人主也；太公雖父，人臣也。奈何令人主拜人臣！如此則威重[3]不行。」

〈高祖本紀〉

完全讀懂名句

1. 太公：這位「太公」就是差一點被項羽烹了的劉邦父親。
2. 家令：官職，負責管家。
3. 威重：指威嚴厚重。

太公的管家對太公說：「天上沒有兩個太陽，國家也不能有兩個皇帝。高祖雖然是您的兒子，但卻是國家的皇帝，太公您雖然是老爹，但卻是臣子。怎麼可以讓皇帝拜見臣子呢？這樣子的話，皇帝的威望是難以建立的。」

名句的故事

當時的背景是：劉邦分封功臣為諸侯，自己建都關中。不多時，諸侯一個個顯現出不服中央的態度，燕王荼、潁川侯利幾先後造反，劉邦都親自帶兵平亂。

劉邦不帶兵出征的時候，每五天要去向老爹請安一次，如同一般兒子見父親的禮節（兒子向父親下拜）。於是，太公家令就向太公做了前述建議，而太公也採納了。

有一天，皇帝來向老爹請安，太公手持掃帚（僕人形象）在門口接駕，皇帝大驚，下車攙扶父親，太公說：「皇帝是全民的君主，豈可因為我而亂了天下法（制度）！」於是，劉邦尊太公為「太上皇」，並且重賞那位識大體的家令。

歷久彌新說名句

天下大一統之後，必須要建立上尊下卑的體制，否則政治就亂了。但是在得天下之前，必須禮賢下士，否則人心不會歸附。

西漢、東漢之間，王莽政權垮台，群雄並起。馬援分別見公孫述和劉秀，公孫述對他擺出皇帝架子，劉秀則平易近人。後來馬援投效劉秀，屢建大功，成了皇帝親家，始終忠心耿耿，要為皇帝「馬革裹屍」。公孫述就是拘泥「天無二日」的帝王思想，而馬援就是深切體認君臣大義的有識之士。

名句可以這樣用

時至今日，這句名言仍有它的存在價值，因為任何組織（政府、企業、團體）都不能政出多門。然而，民主時代如果「民主少一點」成了「民王」，失敗的命運是注定的！

大風起兮雲飛揚

名句的誕生

高祖過沛，悉召故人父老子弟縱酒，發沛中兒得百二十人，教之歌。酒酣[1]，高祖擊筑[2]，自為歌詩曰：「大風起兮雲飛揚，威加海內兮歸故鄉，安得猛士[3]兮守四方！」令兒皆和習之。

〈高祖本紀〉

完全讀懂名句

1. 酣：盡情飲酒，暢飲。
2. 筑：古代弦樂器，有五弦、十三弦、二十一弦的不同，今已失傳。
3. 猛士：指勇士。

漢高祖劉邦（得天下後十二年，仍需南征北討平定各地叛亂，）在一次戰役之後，經過家鄉沛縣，召集老朋友和地方上父老子弟一同痛飲，到場一百二十名年輕人，劉邦教他們唱歌。酒興正濃，皇帝更親自彈奏筑（狀似瑟），並且即席創作這首〈大風歌〉：「大風起兮雲飛揚，威加海內兮歸故鄉，安得猛士兮守四方！」教年輕人一同合唱這首歌。

名句的故事

劉邦不但即席創作、自彈自唱，還起身舞蹈，情緒激動得落淚，對沛縣父老說：「遊子思念故鄉。我雖然定都關中，當上了皇帝，但是魂魄仍然思念沛縣。我從沛縣起兵，終於得到天下，現在我宣布沛縣做我的湯沐邑（私有封地），全體縣民世世代代永遠不必繳稅。」

沛縣父老熱情款待皇帝十多天，臨行，父老請求豐邑也能永久免稅，劉邦說：「豐邑是我生長的地方，最難忘懷，只是因為雍齒（劉邦小同鄉）背叛了我，所以不免其稅賦。」經過父老再三請求，劉邦才答應永久免除豐邑的稅賦。

歷久彌新說名句

司馬遷的文筆真令人擊節讚賞，這一段故事，描述劉邦衣錦還鄉，大風起兮雲飛揚正是得意心情寫照，威加海內更有無限抱負待施展，但又有安得猛士守四方的感慨。

天下甫得卻又叛亂四起，見到故鄉父老卻又想起小同鄉叛變的遺恨，教導家鄉子弟唱〈大風歌〉，意在勉勵子弟立大志。

名句可以這樣用

面對風雲際會的大好機會，有志者固當以劉邦的氣魄為榜樣，然而一旦得志威加海內，就應該拔擢人才，任用猛士守四方。如果只是衣錦還鄉縱酒高歌，而不思長治久安之策，就未免辜負命運青睞了。

天命不可違

名句的誕生

高祖為流矢[1]所中，行道[2]病。病甚，呂后迎良醫。醫入見，高祖問醫，醫曰：「病可治。」於是高祖嫚罵[3]之曰：「吾以布衣[4]提三尺劍[5]取天下，此非天命乎？命乃在天，雖扁鵲[6]何益！」

〈高祖本紀〉

完全讀懂名句

1. 流矢：飛箭，流箭。
2. 行道：行走在道路上。
3. 嫚罵：任意辱罵，也作「謾罵」、「漫罵」。
4. 布衣：平民。
5. 三尺劍：古時劍長三尺，所以稱「三尺劍」。
6. 扁鵲：春秋戰國時名醫，姓秦，名越人。

劉邦在戰場上為流箭所傷，歸途中發病，很嚴重。呂后請來良醫，劉邦問醫生「病情如何」，醫生表示「可以治得好」。孰料劉邦卻辱罵醫生說：

「我以一介平民，提三尺劍取得天下，這難道不是天命嗎？既然命繫於天，縱使古代名醫扁鵲再世又有什麼用處？」

名句的故事

劉邦不讓醫生治病，呂后只好問他後事該如何安排：「陛下百歲（往生）以後，如果蕭（何）相國也去世，誰能接替重任？」劉邦說：「曹參可以。」

呂后再問曹參的繼任者，劉邦說：「王陵可以，但王陵年輕且戇直，陳平可以協助他。陳平智謀有餘，卻難以獨當大任。周勃穩重寬厚卻缺乏智謀，但是能安定我劉家天下的必定是周勃，可以任命他擔任太尉（掌兵權）。」

呂后再問其次，劉邦說：「再往後，你也不能知道了。」

歷久彌新說名句

創業的老闆都希望為自己打下的江山規畫出萬世藍圖，像劉邦這樣「知天命」的開山祖實際上不多。

傳說明太祖朱元璋有一次在吃燒餅時，正巧劉基（劉伯溫）請見，朱元璋就將咬了一口的燒餅用碗扣住，考一考劉伯溫：「碗下是啥玩意兒？」劉伯溫答：「圓圓月，圓圓日，金龍咬一缺。」

朱元璋於是請劉伯溫推算明朝國運，劉伯溫就做了日後流傳的〈燒餅歌〉，據說可以一直應驗到二十世紀。同時，劉伯溫預言明朝國祚「八百年嫌少，三百年嫌多」。事實上，明朝傳到二百七十七年而亡。

名句可以這樣用

天命是不可違的，但是「事在人為」。劉邦對他認識的人都能準確評價，對未來更久遠的人則不能置評。劉伯溫對朱元璋解釋「八百年嫌多，三百年嫌少」，也是陳述事在人為的道理。

所以，「天命不可違」只能說不要逆勢而行，如果空等天命卻無所作為，那麼，「天命」肯定不在他身上。

人死不能復生

名句的誕生

緹縈上書曰：「妾父為吏，齊中皆稱其廉平，今坐法[1]當刑。妾傷夫死者不可復生，刑者不可復屬，雖復欲改過自新，其道無由[2]也。妾願沒入[3]為官婢，贖父刑罪，使得自新。」

〈孝文本紀〉

完全讀懂名句

1. 坐法：因過錯而犯法獲罪。
2. 無由：沒有辦法。
3. 沒入：指人口或是財產沒收為官署所有。

緹縈上書朝廷：「小女子的父親擔任公務員，齊國一帶人都稱讚他廉潔公平，如今因為受牽連將受肉刑。小女子感傷：人死了不能復生，受了肉刑不能復原，即使想要改過自新也抹不去刑罰的烙印。小女子甘願做官家婢女，以贖我父親的刑罪，讓他有自新的機會。」

名句的故事

這是孝女淳于緹縈的故事。漢文帝時，齊國的太倉令淳于意獲罪要受刑，朝廷下詔押解到長安。淳于意沒有兒子，只有五個女兒，就罵他老婆：「生孩子不生男的，遇到緊急事情一點也幫不上忙。」他最小的女兒緹縈跟著老爸到了長安，並且做前述的上書。

漢文帝是古今第一好皇帝（高陽評論），見

了她的上書，因而下詔廢止了肉刑。

歷久彌新說名句

漢高祖劉邦入關時，與人民「約法三章」：「殺人者死，傷人及盜抵罪。」不過，說是約法三章，其實其餘的法令還是全部沿襲秦朝，所以到了漢文帝時，漢律仍然有肉刑。所謂肉刑，是指：「黥」（在額上刺字）、「劓」（割去鼻子），「臏」（斬斷腳趾），另外還有「宮」（去勢）和「大辟」（斬首），合稱「五刑」。漢文帝廢除的是前三者，保留了宮刑和大辟，司馬遷後來就是受了宮刑。

肉刑讓受刑人在身上留下永久性紀錄，受刑人可說一輩子不得翻身，的確是不人道且不文明的刑罰。

名句可以這樣用

我們現在用「人死不能復生」，多在勸慰往生者家屬節哀，用意是「活著的人日子仍得過下去」。

然而，知曉名句典故係在於「刑法應讓人有自新機會」，那麼，這一句用在討論死刑應否廢除或縮小適用範圍，就有積極性的意義。

史記100

燕雀安知鴻鵠之志

——世家

有田一成，有眾一旅

名句的誕生

昔有過氏[1]殺斟灌以伐斟尋[2]，滅夏后帝相[3]，帝相之妃后緡[4]方娠[5]，逃於有仍[6]，而生少康。少康為有仍牧正[7]，有過又欲殺少康，少康奔有虞[8]，有虞思夏德，於是妻之以二女而邑[9]之於綸[10]，有田一成[11]，有眾一旅[12]，後遂收夏眾，撫其官職。使人誘之，遂滅有過氏，復禹之績，祀夏配天，不失舊物。

〈吳太伯世家〉

完全讀懂名句

1. 有過氏：過，國名也。東萊掖縣有過鄉，北有過城，古過國也。
2. 斟灌、斟尋：夏的同姓。
3. 夏后帝相：啟之孫，依斟灌而國。
4. 緡：有仍的姓。
5. 娠：懷孕。
6. 有仍：國名。妃后緡的娘家。
7. 牧正：夏朝官名，負責管理畜牧。
8. 有虞：帝舜之後。國名。
9. 邑：封地。
10. 綸：地名。
11. 成：面積方十里為成。
12. 旅：人數五百為旅。

（夏朝時）有過氏殺斟灌、伐斟尋，滅了帝相（斟氏是夏朝執政），帝相的妃子后緡當時有孕在身，逃到有仍，生下少康。少康長大擔任有仍的牧正，有過氏又想殺少康，少康再逃奔有虞。有虞國主感念過去夏國的恩德，將二個女兒嫁給少康，並且將綸送給少康為地盤，土地十里見方，人口五百人，漸漸號召夏國舊眾，建立政府，派間諜滲透然後滅了有過氏，恢復夏朝自大禹以來的制度，承續香火，一切如舊。

名句的故事

這個故事未記載於〈夏本紀〉，而記載於〈吳太伯世家〉。是伍子胥舉少康的例子勸諫吳王夫差，不可同意句踐求和，伍子胥說：「如今的吳國不如當年有過氏之強盛，而句踐遠大於少康，不趁現在滅掉越國，將來會難以收拾。況且句踐的性格堅忍而親民，此刻不消滅他，將來必定後悔。」吳王夫差沒聽進這番話，而採納伯嚭的建議，允許越國投降——吳國最後被句踐所滅。

歷久彌新說名句

對敵人仁慈就是對自己殘酷。少康中興和句踐復國是所有意圖反敗為勝者的標竿典故，然而，伍子胥的苦口婆心和夫差的掉以輕心，卻正是征服者或處於勝利喜悅當中時，最應深思的故事。

名句可以這樣用

《左傳》記載伍子胥預言：「越國經過十年生聚、十年教訓（名句語出此典），二十年以後，吳國的宮室將成為池沼矣！」果然二十二年之後，越滅吳。

易言之，只要還「有田一成，有眾一旅」，就有反敗為勝的籌碼。但是，戲劇性的情勢反轉不會「天上掉下來」，得有十年生聚、十年教訓的長期抗戰計畫與恆心才行。

知臣莫如君

名句的誕生

管仲病，桓公問曰：「群臣誰可相者？」管仲曰：「知臣莫如君。」公曰：「易牙[1]如何？」對曰：「殺子以適君，非人情，不可。」公曰：「開方[2]如何？」對曰：「倍[3]親以適君，非人情，難近。」公曰：「豎刀（刁）[4]如何？」對曰：「自宮以適君，非人情，難親。」管仲死，而桓公不用管仲言，卒近用三子，三子專權。

〈齊太公世家〉

完全讀懂名句

1. 易牙：人名。春秋時齊國人，齊桓公的內侍，擅長烹調，很得桓公寵愛。桓公死後，易牙與豎刁等人謀亂，立公子無虧即位，致使齊國大亂。也稱為「狄牙」。
2. 開方：人名。春秋時衛國公子，齊國出兵攻衛，衛王派開方帶貢品與齊桓公談判。之後開方留在齊國十五年，不曾返衛國探親。也稱為「啟方」。
3. 倍：此處是「背」的意思。
4. 豎刁：人名。春秋時齊國人，為齊桓公的寺人，甚受寵任。

管仲病重，齊桓公去探病，問：「群臣當中有誰可以（繼你之後）擔任宰相？」管仲（推托）說：「最瞭解臣子的是你國君啊！」桓公問：「易牙怎麼樣？」管仲答：「易牙烹殺自己的兒子以滿足國君口慾，非人之常情，不可以重用。」桓公：「開方怎麼樣？」管仲：

「開方放棄衛國公子的地位，反而來事奉齊國國君，非人之常情，不可以信任。」桓公：「豎刁怎麼樣？」管仲：「豎刁自行閹割以進宮服侍國君，非人之常情，不可以親近。」可是管仲死後，齊桓公並沒有聽管仲的諫言，仍親信這三人，三人因而得勢專權。

名句的故事

春秋五霸之一的齊桓公下場極悲慘。管仲死後一年，齊桓公生病，易牙與豎刁聯手作亂，封鎖宮門不准出入。有一名宮婦翻牆進入桓公寢宮，桓公對她說：「我肚子餓想吃東西；口渴想喝水。」宮婦說：「我無法取得飲食。」桓公才知道易牙和豎刁作亂，感慨涕下，說：「若死者有知，我又有何面目見仲父（桓公對管仲的尊稱）呢？」以衣袖蒙面而死。桓公死後，五位公子爭大位，相互攻擊，桓公的屍體躺在床上兩個多月無人收殮，屍蟲都爬出戶外。

歷久彌新說名句

「天與弗取，反受其咎」篇中提及夫差不聽伍子胥之言，後來越軍攻進姑蘇城。夫差請降，句踐不答應，夫差當時也說：「我有何面目去見伍子胥？」以衣袖蒙面自刎（年代在齊桓公之後）。

南北朝的南梁武帝蕭衍，把一手建立的帝國搞垮，侯景叛兵攻進建康，蕭衍困守在宮城裡，左右都跑光了，口苦想嚐一點蜜都沒人侍候，最後餓死。

這兩位亡國君主大概都沒讀過（或讀過而不記取歷史教訓）齊桓公的故事。

名句可以這樣用

「知子莫若父（母）」、「知夫莫若妻」、「知X莫如X」，都很好用。總之，最親近的人當然最瞭解。但是別忘了，原典即是一句推托之辭。

一沐三捉髮，一飯三吐哺

名句的誕生

周公戒伯禽曰：「我文王之子，武王之弟，成王之叔父，我於天下亦不賤矣。然我一沐三捉髮[1]，一飯三吐哺[2]，起以待士，猶恐失天下之賢人。子之魯，慎無以國驕人。」

〈魯周公世家〉

完全讀懂名句

1. 捉髮：握髮。
2. 吐哺：吐出口中的食物。

周公告誡兒子伯禽：「我是文王的兒子、武王的弟弟、成王的叔父，我在國家的地位不算低的了。但是我曾經洗一個澡三次抓起頭髮，吃一頓飯三次將口中的食物吐出，為的是接見士人，唯恐（讓人等待以致）失去治國人才。你去到魯國，千萬不可以因為你是國君而待人傲慢。」

名句的故事

周武王伐紂，建立周朝，分封姬姓宗室及功臣為諸侯。周公旦的封地在魯，但是周公仍留在中央輔佐武王。

武王逝世，周成王仍在襁褓之中，周公以「攝政」之名執政。周武王的其他弟弟四處放話：「周公將對成王不利（篡位）。」周公對姜太公（東方強藩齊國）和召公（另一位執政親室）說：「我之所以不避嫌而攝政，是擔心各路諸侯叛變，無法向文王和列祖列宗交代，我想做的是輔佐成王、安定周室而已。」同時授權姜太公在齊國得以代天子征伐，並且派自己的兒子伯禽去魯國就封（暗示自己不會篡位，兒子也不會）。伯禽臨行之前，周公做了前述叮嚀。

後來，管叔、蔡叔叛變，周公將之平服，等到成王長成，周公還政於成王。

歷久彌新說名句

曹操在赤壁大戰之前，橫槊賦詩，結尾二句：「周公吐哺，天下歸心。」充分表露他的雄心和志向，他要代天子統一全國，並效法周公「一飯三吐哺」爭取天下豪傑、人才歸心。

既以周公為榜樣，曹操就不會篡位。這一點，曹操做到了，可是仍落得個「挾天子以令諸侯」的罵名，道理很簡單，他在赤壁敗了。如果當時他一戰成功，統一全國而非三分天下，歷史評價肯定不同。

名句可以這樣用

與同一典故有關的另一句名言是：「周公恐懼流言日，王莽謙恭下士時。」王莽篡位，但他也曾有一段禮賢下士、擁有極高評價的期間。如果周公在流言四起之時身亡，而王莽在禮賢下士之時去世，兩人的歷史評價將全然相反。

析骨而炊，易子而食

名句的誕生

楚以圍宋五月不解，宋城中急，無食，華元[1]乃夜私見楚將子反。子反告莊王。王問：「城中何如？」曰：「析骨[2]而炊，易子而食。」莊王曰：「誠哉言！我軍亦有二日糧。」以信故，遂罷兵去。

〈宋微子世家〉

完全讀懂名句

1. 華元：人名。春秋時宋國人，因為眼見國家處於楚、晉兩大國之間，飽受戰爭之苦，於是提倡和平運動，使兩國結盟於宋，為歷史上第一次弭兵約定。

2. 析骨：支解骨骸的意思。

楚兵圍攻宋國國都五個月，城中食物都吃光了，形勢危急。宋國大夫華元趁夜私入楚軍陣地，會見楚軍將領子反，子反向楚莊王報告，莊王問華元：「城中情況如何？」華元答：「已經到了將死者骸骨拆開當柴燒、人們相互交換兒子當食物的地步。」莊王說：「你既然據實以告，我也坦白告訴你，我軍也只剩下二日糧草。」由於雙方能夠坦誠相待，楚軍撤圍回國。

名句的故事

楚莊王是春秋五霸之一，在之前，宋襄公也曾稱霸一時。然而，楚是大國、強國，宋卻沒有足夠的實力稱霸，宋襄公沽名釣譽又好大喜功，搞得國力耗盡，以致於宋國後來多次瀕臨亡國邊緣。

好在，宋國出了幾位擅長外交的大夫，華元是一位，憑著他和子反的私交（《左傳》中記載這一段的情節是：華元「夜登子反之床」，非常戲劇化），挽回了一場亡國之災。另一位是向戌，在春秋後期倡議諸侯「弭兵」（停火協議），使得中國在亂世中維持了一段和平歲月，並提高了宋國的國際地位。

歷久彌新說名句

「易子而食」是在極端飢餓的情況下，人們不忍自食其子而產生的悲劇。歷史上，多次出現圍城不解或大飢荒狀況時，常有類似的記載，包括「析骨而炊」、「擣土為食」等。

換個角度看，都到了「易子而食」的地步卻仍不願投降，又顯示城中軍民寧死不降的抵抗意志，楚莊王撤軍，可能也考慮到這一點。

名句可以這樣用

《孟子．離婁》中有一句「易子而教」，是說父親教自己的兒子，一旦教不聽或教不會，父親會發怒動氣，就教不好，兒子也會反感，所以要跟朋友相互交換兒子教育。

但願戰爭的災難不會臨頭，不再發生「易子而食」的慘劇；也希望孟子「易子而教」的意旨，能讓父母瞭解「不要用威權管教子女」。

內舉不避親

名句的誕生

晉會諸侯，悼公問群臣可用者。祁傒[1]舉[2]解狐，解狐，傒之仇。復問，舉其子祁午。君子曰：「祁傒可謂不黨[3]矣！外舉不隱[4]仇，內舉不隱子。」

〈晉世家〉

完全讀懂名句

1. 祁傒：春秋時晉國大夫，食邑在祁（今山西省祈縣），任中軍尉。
2. 舉：推薦，推選。
3. 黨：偏私，偏袒。
4. 隱：藏匿，遮瞞。

晉悼公擔任盟主大會諸侯，悼公要群臣推薦可以擔當重任的人才，大夫祁傒推薦解狐，而解狐是祁傒的仇人。悼公再問還有什麼人才，祁傒推薦自己的兒子祁午。左丘明稱讚說：「祁傒可以稱得上是不結黨營私的人了，推薦外人不忌諱仇家，推薦親人不避諱兒子。」

（這一段「君子曰」引自《左傳》，也就是作者左丘明的評論。）

名句的故事

春秋時期，稱霸最久的是晉國，在晉文公擔任諸侯盟主之後，到了晉悼公又重振霸業，最重要的原因就是任用了許多賢臣良將。

那位解狐也與祁傒有相似的作風，《韓非子》

中記載，解狐推薦他的仇人給趙簡子（晉國六卿之一），那位仇人以為解狐已經原諒他了，於是前往拜謝。孰料解狐拉弓搭箭向他射去，並且說：「我推薦你是認為你的才能可以擔當重任。我跟你的私怨不影響我向公家推薦人才，因為私怨不入公門。」

這就是另一句名言「私怨不入公門」和成語「解狐薦仇」的典故由來。

另外，《韓非子》也記載晉平公時，執政趙武推薦仇人邢伯子擔任中牟令，並推薦自己的兒子擔任中府令，韓非稱讚他「外舉不避仇，內舉不避子」。

歷久彌新說名句

北宋王安石變法，新法制度雖然都是針對當時人民的痛苦與國家的弊病而設計，但是卻因為新舊黨爭受到杯葛，同時王安石用人不當，也造成了更多民怨與弊端。

王安石信任的新貴當中有一位鄧綰，曾講出「笑罵由他笑罵，好官我自為之」這句名言。鄧綰上書皇帝，為王安石的兒子和女婿求官、為王安石求宅第。王安石聞訊大為憤怒，便上書皇帝表明不是自己想要，而是鄧綰亂拍馬屁，建議免鄧綰的職，於是宋神宗下令將鄧綰外放。

名句可以這樣用

「外舉不避仇」與「內舉不避親」應有先後順序，祁傒與趙武推薦了仇人，才有立場推薦兒子；解狐推薦過仇人，才會得到另一仇人的敬重；王安石因為深涉黨爭，就沒有立場推薦兒子，甚至手下拍馬屁時，還得憂讒畏譏做一番撇清。

唇亡則齒寒

名句的誕生

宮之奇[1]曰：「虞之與虢[2]，唇之與齒，唇亡則齒寒。」

〈晉世家〉

完全讀懂名句

1. 宮之奇：春秋時虞國大夫。
2. 虞、虢：皆春秋時的國名。虢，讀作ㄍㄨㄛˊ，guó。

宮之奇（進諫虞國國君）說：「虞國和虢國，好比嘴唇和牙齒的關係，一旦嘴唇沒了，牙齒肯定會受寒。」

名句的故事

晉國向虞國借路討伐虢國，共有二次。第一次，晉國大夫荀息建議將屈產的名馬和垂棘出產的玉璧，當禮物送給虞君，以「假道伐虢」（成語出此典）。晉獻公捨不得這兩件國寶。荀息說：「如果能借道出兵，放在虞國不就等於存在『外庫』嗎？」（暗示滅虢之後再滅虞。）於是晉獻公批准，虞君乃出兵與晉軍聯合伐虢。

第二次，晉國再提出借道要求，虞國大夫宮之奇就對虞君提出「唇亡則齒寒」的諫言，可是虞君不聽諫言。結果，晉軍滅了虢國以後，班師途中「順便」滅了虞國──唇與齒一同被消滅。

歷久彌新說名句

荀息提出以國寶交換借道出兵，其實是抓準了虞國國君貪愛珍寶的習性。

在此之前四十年的虞國，國君虞公向弟弟虞叔索求一塊璧玉，虞叔擔心「匹夫無罪，懷璧其罪」，就心不甘情不願地給了國君老哥。後來虞公又向虞叔索取一把寶劍，虞叔這一次不再忍耐，在危機感促使之下，出兵攻擊虞公，虞公逃亡國外。

易言之，虞國的統治者一向有貪心的遺傳，前一位虞公因為貪心而丟了政權，後一位虞君因為貪心連國家都亡了。

名句可以這樣用

「唇亡齒寒」廣受應用，且大概都不致於誤用。本則故事還有一個小尾巴：荀息將當初送去虞國的屈產之乘馬奉還晉獻公，晉獻公笑著說：「馬還是我的馬，可是馬齒已經老了。」

馬的牙齒會隨著年齡而持續生長，所以買馬人總是要觀察馬的牙齒，而「馬齒已老」、「馬齒漸長」常用於對歲月不饒人的感慨。

不鳴則已，一鳴驚人

名句的誕生

（伍舉）曰：「有鳥在於阜[1]，三年不蜚[2]不鳴，是何鳥也？」莊王曰：「三年不蜚，蜚將衝天；三年不鳴，鳴將驚人。」

〈楚世家〉

完全讀懂名句

1. 阜：指小丘、土堆。
2. 蜚：飛。

伍舉說：「有一隻鳥停在土堆上，三年過去，既不飛，也不叫。這是一隻什麼樣的鳥啊？」楚莊王說：「三年不飛，一飛就要沖天；三年不叫，一叫就會驚人。」

名句的故事

楚莊王即位三年，一個命令也不曾下達，每天從早到晚只顧玩樂，並且下令：「膽敢進諫者，殺無赦！」

元老重臣伍舉第一個忍不住，可是他很有技巧，當他入宮時，莊王正「左抱鄭姬，右抱越女」，坐在樂隊的中間。伍舉說：「我來向大王講一個寓言。」君臣二人就有了前述的對話，莊王並向伍舉說：「我明白你的意思了，你退下吧！」

又過了幾個月，莊王淫樂愈發過度，大夫蘇從忍不住進諫。莊王問他：「你不曉得我的命令嗎？」蘇從說：「如果殺了我而能讓君王醒悟，這正是為臣的願望。」

楚莊王沒有殺蘇從，反而停止所有玩樂，開

始聽政，而且一下子「誅殺數百人，拔擢數百人」，並任命伍舉、蘇從為執政大夫，楚國人都大為高興。

歷久彌新說名句

這個寓言另外一個版本是套在戰國齊威王身上，然而意思完全一樣，都是一個少年君王由逸樂轉為英明，然後稱霸一時。

由楚莊王聽政後立即「所誅者數百人，所進者數百人」看來，他那「三年不飛不鳴」其實是一種障眼法，在所有大夫不知情的狀況下，他已經蒐集了詳盡的資料，才能一下子誅殺那麼多的奸佞、拔擢那麼多的賢才，而且「逼」出二位最不怕死的忠臣伍舉與蘇從，讓他們負責大政。

名句可以這樣用

於是我們瞭解，「不鳴則已，一鳴驚人」是積極地做好準備，靜待時機、掌握時機，而不是消極地沒有作為，等待「天上掉下來的成功」。

在德不在鼎

名句的誕生

楚伐陸渾戎[1]，遂至洛[2]，觀兵[3]於周郊。周定王使王孫滿[4]勞[5]楚王。楚王問鼎小大輕重，對曰：「在德不在鼎。」

〈楚世家〉

完全讀懂名句

1. 陸渾戎：指陸渾地方的戎族，陸渾在今河南洛陽西南方，這一支戎族自山西北方遷徙而來。
2. 洛：洛陽。
3. 觀兵：閱兵，向人展示軍力威嚴。
4. 王孫滿：人名，周定王的大臣。
5. 勞：讀作ㄌㄠˋ，lào，慰問的意思。

楚莊王討伐陸渾地方的戎族，大軍接近洛陽，於是在周天子的都城外擺陣閱兵（示威）。

周定王派王孫滿去勞軍（一來維持天子顏面，二來擔任說客），楚莊王向王孫滿詢問「九鼎」的大小和輕重（暗示有意取周朝天下）。

王孫滿對楚莊王說：「（想要得到天下）重點在德望，而不在九鼎。」

名句的故事

「九鼎」是大禹集合九州諸侯進貢的銅所鑄

造，做為天子的象徵。

楚莊王聽了王孫滿的說詞，便對王孫滿說：「你想要阻擋我取九鼎嗎？要知道，將我楚國所有的戟上面的彎鉤，集合起來就足以鑄造九鼎了！」（明言楚軍強大，非周天子所能抵抗。）

王孫滿曉以大義：「君王你忘了嗎？九鼎代表的是天子統治天下的正當性。夏桀敗壞政治，九鼎就移至殷（商）朝；殷紂暴虐無道，九鼎就移至周朝。只要君王英明，鼎雖小也很重；若君王昏庸，鼎雖大也很輕。如今周朝雖然王室中衰，可是天命未改，九鼎的輕重不是您可以問的（諷刺楚莊王德望不足）。」

歷久彌新說名句

到了戰國時代，秦王發兵向周天子索取九鼎。周朝大夫顏率向齊王游說：「秦國無道，周王室君臣認為與其給秦國，不如給齊國。」於是齊王出兵五萬勤王。

秦兵退去，齊王乃索求九鼎。顏率再去見齊王，問：「請問要通過哪一國將九鼎送到齊國？」齊王左思右想，經過魏國、楚國都不妥當，結果打消了念頭。

由前述二個「問鼎」的故事來看，周王室在春秋時代還可以義正辭嚴應付強大諸侯，到了戰國時代就只能耍賴皮。雖然天下大位「在德不在鼎」，但是自己沒有實力又不思振作，還是保不住政權的。

名句可以這樣用

春秋五霸當中，只有楚莊王「僭」稱王，在「尊王攘夷」是主流思想的年代，楚莊王被王孫滿頂了回去，也是活該！

對一些德望不足卻「妄想」大位的人，可以用「在德不在鼎」諷刺之。

同聲相應，同惡相求

名句的誕生

初，子比[1]自晉歸，韓宣子[2]問叔向[3]曰：「子比其濟[4]乎？」對曰：「不就。」宣子曰：「同惡相求，如市賈[5]焉，何為不就？」對曰：「無與同好，誰與同惡？」

〈楚世家〉

完全讀懂名句

1. 比：春秋楚靈王的兒子。
2. 韓宣子：晉國六卿之一。
3. 叔向：晉國大夫。
4. 濟：成功的意思。
5. 賈：讀作ㄍㄨˇ，gǔ，指做生意的人。

最初，楚國公子比從晉國回楚國時，韓宣子問叔向：「比有沒有希望繼位為楚王？」叔向說：「最終不會有結果。」韓宣子說：「（楚國人民共同的願望是有一位新君以取代舊國君）國人有共同厭惡的對象，就會團結一致，好比商人追逐利潤一般，為何會不成功？」叔向說：「沒有人與他同好，又有誰與他同惡呢？」（意思是「沒有黨羽就難以成功」。）

名句的故事

故事要從公子比的父親楚靈王說起。楚靈王倒行逆施，國人苦不堪言，楚的世仇吳國就利用楚國流亡在外的兩位公子比和棄疾，起兵做亂，殺了太子，靈王流亡到外國，死在異鄉。

公子比先即位為王，可是只當了十幾天，就被公子棄疾殺掉，棄疾成為楚平王。

歷久彌新說名句

韓宣子問叔向的用意，是想預測公子比最終能否繼位為楚王，若機會不錯，韓宣子可以做一番政治投資。

可是叔向認為公子比不樂觀，因為「取國有五難」：一要有賢人輔佐，二要楚國有內應，三要有策謀，四要有群眾支持，五要有德望。

叔向並舉齊桓公、晉文公為例（二君最初皆為流亡國外的公子，回國即位並成大功立大業），都是有賢臣追隨、國內有人接應、外有大國為援，且在國人心目中有聲望，才能成功立業。而公子比「無施於民，無援於外」，憑什麼成功呢？

也就是說，縱使在位執政者施政再怎麼差勁，挑戰者若只靠「比爛」，終究不會成功。

名句可以這樣用

這兩句的最原始出處是《易經》：「同聲相應，同氣相求」，後來衍生為「同聲相應，同惡相求」。前者用在志同道合，後者用在一同革命（作亂）。另外，「同氣連枝」是指兄弟姐妹血肉相連。

天與弗取，反受其咎

名句的誕生

范蠡曰：「會稽之事，天以越賜吳，吳不取。今天以吳賜越，越其可逆天乎？且夫君王蚤[1]朝晏[2]罷，非為吳邪？謀之二十二年，一旦而棄之，可乎？且夫天與弗取[3]，反受其咎[4]。伐柯[5]者其則不遠，君忘會稽之厄[6]乎？」

〈越王句踐世家〉

完全讀懂名句

1. 蚤：「早」的意思。
2. 晏：「晚」的意思。
3. 弗取：指不取。
4. 咎：責罰，災禍。
5. 伐柯：持斧頭砍伐樹木用來作斧柄。
6. 厄：災難。

范蠡（對句踐）說：「當年我們被吳軍圍困在會稽山，當時是上天將越國賜給吳國，吳國沒有收取。如今上天將吳國賜給越國，越國豈可違背天意？而且，國君您二十二年來每天早起晚睡，為的不就是吳國嗎？就這樣丟棄機會，可以嗎？不接受上天的恩賜，將反過來受到上天的責罰，砍伐樹木者不可忘了斧柄的大小模樣就在旁邊（這次是被砍的樹木，將來會變成伐木的斧柄），您難道忘了當年在會稽山的災難嗎？」

名句的故事

句踐「臥薪嚐膽」復國的故事不再贅述，「十年生聚、十年教訓」之後，攻進吳國首都姑蘇，吳王夫差派大夫公孫雄袒露上身，用膝蓋前行向句踐求和，姿態屈辱而言詞卑恭，句踐被這種低姿態打動，有意答應講和。范蠡於是說出前述言論，打消了句踐的念頭，吳王夫差自殺，吳亡。

歷久彌新說名句

這句名言常見於勸人取「大位」之時，舉二個例子：

《漢書》中敘述，項羽、劉邦相持不下時，蒯徹游說當時擁兵山東的韓信反叛劉邦，據齊自重，可以形成鼎足三分的局面。當時他就說：「天與弗取，反受其咎；時至（機會到來）不行，反受其殃。」但是韓信並未接受他的意見。

《三國演義》描寫到，曹丕篡漢，諸葛亮勸劉備稱帝「以嗣漢統」，劉備猶豫不決，諸葛亮也是用「天與弗取，反受其咎」說服了劉備。

名句可以這樣用

有時候，機會來得很突然，把握突然來的機會是一種特殊才能，一般人經常失之交臂。但是像句踐那樣，已經含辛茹苦奮鬥了二十二年，若是一時軟了心腸，那就真的可能「反受其咎」了。

在當今這個功利社會中，謙讓甚至已經不再是一種美德，「天與弗取」根本可視為商戰場上一種性格缺陷！套用西方語言則是「對敵人仁慈，就是對自己殘酷」。

可與共患難，不可共安樂

名句的誕生

句踐以霸，而范蠡稱上將軍。還反國，范蠡以為大名[1]之下，難以久居，且句踐為人可與同患，難與處安[2]，為書辭句踐。

〈越王句踐世家〉

完全讀懂名句

1. 大名：有極高的名譽聲望。
2. 處安：處於安樂。

句踐滅吳之後，一時成為諸侯霸主，封范蠡為上將軍。回到國內，范蠡覺得，國君的威名如日中天，他這個功臣恐怕沒有太多好日子可以過。而且他看透了句踐的為人，只能和他共患難，不能和他共享安樂，就上書請辭。

名句的故事

范蠡的上書採「以退為進」策略：「我聽人說過：國君憂心時，臣子要加倍努力；國君受羞辱，臣子要為國捐軀。從前國君在會稽山受辱時，我之所以不死，為的就是今天（雪恥復國並且揚威國際）。如今既已大功告成，請准許我為會稽之恥而死。」

會稽之恥，當時其實是文種去（膝行）請降，范蠡去吳國當人質。所以句踐安撫范蠡：「我將分一半權力給先生，一同治國，否則我就不得好死。」

范蠡既已看透句踐，聽了這番話更加不安。

於是收拾較輕便的珠玉財貨，帶著家人（傳說中帶了西施同行）乘船出海，到山東去經商，後來成為鉅富，也就是財神陶朱公。

歷久彌新說名句

西漢景帝時，發生七國之亂，太尉周亞夫領軍平亂，後來當了丞相。可是周亞夫只懂軍事，不懂政治，不但開罪了太后和皇室親貴，後來甚至還頂撞皇帝。

有一次，漢景帝請周亞夫到宮中吃飯，桌上只有一塊沒切開的肉，而且也只放了一雙筷子。周亞夫向侍者要筷子，景帝開口說話了：「難道你還不滿足嗎？」此話一出，周亞夫猛然醒悟，脫下官帽，跪地謝罪。但已太遲了，後來被「誣以謀反」下獄，在獄中絕食五天，嘔血而死。周亞夫就是缺少范蠡的智慧，才落得如此結局。

名句可以這樣用

「大名之下，不可久居」，是說帝王（老闆）功業如日中天時，心理上一定會不可一世，臣下就得戒慎恐懼，即使是功臣也要知所進退，千萬不可以露出一絲一毫想要「分肉」的非分之想。特別是皇帝以「分享權力」試探的時候，尤其是那種「只能共患難，不能共安樂」的皇帝。

狡兔死，走狗烹

名句的誕生

范蠡遂去，自齊遺大夫種[1]書曰：「蜚[2]鳥盡，良弓藏；狡兔死，走狗烹。越王為人長頸鳥喙[3]，可與共患難，不可與共安樂，子何不去？」種見書，稱病不朝。

〈越王句踐世家〉

完全讀懂名句

1. 種：指文種，字會，春秋楚國郢人，後為越大夫。與范蠡一起輔佐越王句踐，滅吳功成。
2. 蜚：同「飛」。
3. 鳥喙：指鳥嘴，或像鳥嘴的形貌。喙，讀作ㄏㄨㄟˋ，huì。

范蠡走了以後，自齊國寄一封信給大夫文種，信中寫道：「飛鳥都獵盡以後，獵人就會將良弓收起來不用了；狡兔都殺完以後，就會輪到獵犬被烹煮。越王的外貌，脖子長而嘴似鳥喙，（相法說）這種人只可以和他共患難，不可以共享安樂，你為什麼還不離去呢？」文種讀完這封信，就以生病為理由而不上朝。

名句的故事

范蠡和文種是句踐復國的兩大功臣，范蠡曾對句踐說：「軍事方面，文種不如我；可是民政方面，我不如文種。」因此，越國大小政務都交給文種負責。

然而，後來句踐並不因文種「退出政壇」而放過他，反而賜文種一把劍，說：「先生曾經提出七項打敗吳國的策略，我只採用了其中三項就滅了吳國，還有四項在先生胸中，請你帶著這四個策略，為我去侍候先王吧！」

這番話每一句都是「高帽子」，但是奉承話講了半天，就是要文種自我了斷，於是文種用那把劍自殺。

歷久彌新說名句

漢高祖劉邦在平定天下之後，不放心韓信，先將他由齊王改封楚王（拔去根據地），後來再褫奪他的兵權、取消他的楚王，改封淮陰侯。

韓信當時就說出：「狡兔死，走狗烹；高鳥盡，良弓藏；亂國盡，謀臣亡。」而韓信又犯了和文種同樣的錯誤：稱病不朝。

稱病不朝，看在封建帝王眼中是「不臣」的表現，只會更加深皇帝的殺機。今日民主政治之下，不參與政治就代表退出，絕大多數可保天年。

名句可以這樣用

兔死狗烹、鳥盡弓藏的故事不斷上演，古代、現代都一樣。即使在工商企業當中，曾經為老闆打下一片江山的高級幹部，如果不懂得這個道理，在階段任務完成以後，不自己「藏」，就難保不被「烹」——資遣或被迫退休。

千金之子不死於市

名句的誕生

朱公[1]中男殺人，囚於楚。朱公曰：「殺人而死，職也。然吾聞千金之子[2]不死於市[3]。」告其少子往視之。

〈越王句踐世家〉

完全讀懂名句

1. 朱公：陶朱公，春秋時楚人范蠡。與文種同事越王句踐二十餘年，助越滅吳，尊為上將軍。范蠡認為可與句踐共患難，難與共享樂，於是離開越國前往齊國。至陶，因善於經商而成為巨富，自號陶朱公。
2. 千金之子：指富家子弟。
3. 市：人群聚集的地方。

陶朱公（有三個兒子）的次子因為殺人而被囚在楚國。陶朱公說：「殺人償命是理所當然。可是，我聽人說過：富貴之家的兒子不應該被當眾處決。」就派他的小兒子前往楚國，相機營救。

名句的故事

陶朱公準備了黃金（黃銅）千鎰交給小兒子前往「打點」，可是他的大兒子堅持要去救二弟，陶朱公不得已，只好讓大兒子前去，臨行囑咐：「到了楚國，將這千金交給莊先生，一切由他安排，你不要參加任何意見。」可是大兒子仍不放心，私自又多帶了數百金去。

到了楚國，將千金交付莊先生，莊先生請大少爺趕快離開楚國。可是大兒子仍待在楚國，並且私下另尋門路，賄賂楚國的有力人士。

莊先生雖然家貧，可是頗有民調聲望，楚王很尊重他。他利用機會對楚王說：「最近天上星象有變，可能不利楚國，陛下可以考慮施仁德以感動上天。」於是楚王決定頒布大赦，先派人封鎖府庫。

大兒子走的「門路」聞訊趕緊告訴這個消息，說：「大赦之前，為了怕消息一旦走漏，會有人去府庫竊盜，再等待大赦。所以，封鎖府庫是頒布大赦的徵候。」

大兒子聽此消息，就去向莊先生辭行，說：「傳聞將有大赦，我可以放心了，所以來辭行。」莊先生聽懂他的言下之意，就請大兒子將千金帶回去。

可是莊先生對此很惱怒，就去向楚王說：「外界傳聞，這次大赦是為了陶朱公的兒子。」楚王於是下令：先處決陶朱公的二公子，再頒布大赦。

大兒子帶著千金和弟弟的遺體回去，陶朱公說：「我早就知道是這種結果。因為老大從小和我一道過苦日子（臥薪嚐膽時期），所以捨不得財物；老三則出生就在富裕家庭（陶朱公時期），不會吝惜千金，所以我最初要派他去。

歷久彌新說名句

「千金之子不死於市」其實也有司法黑暗的意涵，明清章回小說中經常出現「有錢則生，無錢則死」，就是描述「有理沒錢莫進衙門」的貪墨腐敗風氣。

名句可以這樣用

陶朱公對老大、老三的透徹瞭解，正是「知子莫若父」名句的最佳範例。而他從政能急流勇退，從商能成名天下，與他洞見人心的功力大有關係。

見毫毛而不見其睫

名句的誕生

齊使者曰：「幸也越之不亡也！吾不貴其用智之如目，見毫毛[1]而不見其睫[2]也。今王知晉之失計，而不自知越之過，是目論也。王之所待[3]於晉者，非有馬汗[4]之力也，又非可與合軍連和也，將待之以分楚眾也。今楚眾已分，何待於晉？」

〈越王句踐世家〉

完全讀懂名句

1. 毫毛：人類或鳥獸身上的細毛，比喻微小或很少的部分。
2. 睫：睫毛。
3. 待：期望。
4. 馬汗：指作戰時，戰馬因奔馳而大量出汗，常用來比喻戰功，或工作的辛勞。

齊國使者說：「越國沒有滅亡，真算是幸運啊！一個人的智慧如果像眼睛一樣，能看清楚毫毛卻看不到自己的睫毛，這種智慧實在沒什麼可貴！大王只知韓魏（三家分晉後，仍通稱晉）的失策，而不自知越的過失，那就跟上述理論一樣了！大王您期待於韓魏的，不是要他們為你出力打仗，也不能期待與他們結盟聯軍，只是期待他們為越國分散楚國兵力而已。但現在楚國兵力已經分散了，哪還需要韓魏幫助呢？」

名句的故事

越王句踐滅吳之後，起兵爭霸中原，曾一時無敵於天下。他死後，六傳到越王無疆，又向北攻打齊國，向西攻打楚國。齊威王面對這個好戰的小國，不勝其擾，就派出使者去游說越王無疆，陳析「攻楚才是越國要務，何必攻齊」。無疆說：「攻齊是為了震動韓魏（越與三晉不接壤，欲用「驅狼趕虎」之計），希望他們屯兵南方邊界，牽制楚國軍力而已。」

於是齊國使者為越王做了上述分析，並建議直接攻打楚國。於是越王無疆果然興兵攻打楚國，結果兵敗身死。越王室成員爭相搶位，個個稱王稱君，卻都向楚國稱貢，越國就此散亡了。

歷久彌新說名句

《孟子．梁惠王》中記載孟子問梁惠王：「若有人對你說『我的力量能夠舉起百鈞（一鈞三十斤），卻拿不起一根羽毛；眼力能明察秋毫（動物的毛到秋天最細），卻看不見一車子的薪柴』，您相信他嗎？」梁惠王說：「不信。」

孟子的寓意與齊國使者的論點恰恰相反，但都是以眼力做為比喻。

名句可以這樣用

「見毫毛而不見其睫」是事物實情，眼睛看不到睫毛是當然，意指「人的智慧應超越眼前所見」；「明察秋毫，不見輿薪」則是諷刺一個人太過於「見小不見大」。

不到黃泉不相見

名句的誕生

莊公遷[1]其母武姜於城潁，誓言曰：「不至黃泉[2]毋相見也。」居歲餘，已悔思母。潁谷之考叔[3]有獻於公，公賜食。考叔曰：「臣有母，請君食賜臣母。」莊公曰：「我甚思母，惡負盟，奈何？」考叔曰：「穿[4]地至黃泉，則相見矣。」於是遂從之，見母。

〈鄭世家〉

完全讀懂名句

1. 遷：變換地方，此處有放逐、貶謫的意思。
2. 黃泉：古代認為天地玄黃，而泉在地下，故稱「黃泉」，指人死後居住的地方。
3. 考叔：人名。春秋時鄭國潁谷封人。
4. 穿：挖掘，挖鑿。

鄭莊公將他的母親武姜遷（放逐）到城潁，並且發誓說：「不到黃泉絕不相見。」（意謂到死不往來）可是過了一年多就開始思念母親。

潁谷地方的考叔向鄭莊公進獻，莊公賜食物給他，考叔說：「我家有老母，請求將國君的食物改賜我的母親。」莊公（聞言感慨）說：「我非常思念母親，可是又害怕違背誓言（若背誓相見，恐有生命危險），該怎麼辦？」

考叔出了個點子：「向地下挖隧道，一直見到泉水（摻雜泥土，必呈黃色），不就可以相見了嗎？」鄭莊公照做了，母子在地穴中相見。（並且攜手同出，恢復親子和睦。）

名句的故事

鄭莊公為何要放逐母親？因為母親偏愛弟弟叔段，一再為弟弟要求更大的封邑，弟弟並得寸進尺，不斷擴充地盤。甚至連鄭國大夫們都看不過去了，一再要求鄭莊公「解決」這個潛在的禍患，莊公則一再要大夫們忍耐，說：「多行不義必自斃（名句語出此典，記載於《左傳》），你們姑且再等一等。」

後來，叔段決定起兵造反，並且有母親武姜做為都城內應。鄭莊公這才發兵平亂，叔段逃亡國外，莊公對母親的作為很惱怒，因此放逐母親。

歷久彌新說名句

鄭莊公對弟弟的做法，表面上看來是仁至義盡，可是後世評論（如《東萊博議》），卻有人認為他是刻意「縱慾養惡」，用心「至險」（極度陰險），並且以周公誅殺管叔、蔡叔做對比，這類評論認為不應為了個人沽名釣譽，陷國家、人民、軍隊於戰爭災難。

名句可以這樣用

「不到黃泉不相見」是一句極端的話，英文類似用語是「over my dead body」——除非我死了，好萊塢電影中常聽到。

成大功者不謀於眾

人的服裝來教育（訓練）百姓，但是世俗的意見一定會議論我，該怎麼辦呢？」肥義說：「做事一旦心生顧慮不會成功，行動一旦猶豫不決就不會得到好評。大王既然決定要改革舊俗，就不必顧慮天下俗人的議論。凡是講求最高道德者，不能附和世俗；成就大功者，不可以跟大眾商量。（……）大王還有什麼好顧慮的呢？」

名句的誕生

王曰：「今吾將胡服[1]騎射以教百姓，而世必議寡人，奈何？」肥義[2]曰：「臣聞疑事無功，疑行[3]無名。王既定負遺俗之慮，殆無顧天下之議矣。夫論至德者不和於俗，成大功者不謀於眾，（……）則王何疑焉？」

〈趙世家〉

完全讀懂名句

1. 胡服：北狄的服裝。
2. 肥義：趙國大臣。
3. 疑事、疑行：都指做事猶豫不決。

趙武靈王（對老臣肥義）說：「我想要用胡

名句的故事

戰國趙武靈王胡服騎射是一大改革。在此之前，中國的戰術是以車戰為主，兵車一乘配備步兵三百人，但是北方游牧民族開始興起，胡人的騎兵比漢族的戰車靈活（例如更方便跨越壕溝），而胡人的服裝較利於騎射。趙國地處北方，正面受到胡人的衝擊，於是武靈王決定將全國改成胡服（方便騎馬），並訓練國人騎射。

然而，自周公以來的各項制度、禮儀深植人心，要求全國軍民改穿胡服談何容易？趙國的士大夫幾乎都不樂意。

肥義是重臣，武靈王先得到他的支持和鼓勵，再說服叔叔公子成，公子成第二天穿了胡服上朝，武靈王這才正式發布改穿胡服的命令，也造就了趙國一段時間的霸業。

歷久彌新說名句

到了南北朝時，北魏孝文帝拓跋宏決定全面漢化，也遭到鮮卑貴族的全面抵制，孝文帝先說服皇室中最有力量的任城王拓跋澄，再得到弟弟咸陽王拓跋禧的支持，終於完成胡人漢化大工程。另一位兄弟拓跋禎當時就引用「成大功者不謀於眾」這句名言表達支持立場。

中華民族的不斷茁壯，其實是三千年來不斷民族融合有以致之，如果始終堅持族群純化，就不會有唐朝和清朝的盛世。

名句可以這樣用

「成大功者不謀於眾」是菁英政治的標竿。然而，菁英政治與民主政治並不相悖，其交集就在於「說服」。若「不謀於眾」卻獨斷獨行，甚至高壓強行，那就是獨裁；但若事事謀於眾人，其結果必致一事無成或牛步難行。只有菁英謀劃加上說服眾議，才能方向一致，順利推行。

國亂思良相

名句的誕生

魏文侯謂李克曰：「先生嘗教寡人曰『家貧則思良妻，國亂則思良相』。今所置非成則璜[1]，二子何如？」

〈魏世家〉

完全讀懂名句

1. 非成則璜：指非魏成就是翟璜。

魏文侯對李克說：「先生曾經教導我『家境貧窮就想要好的妻子，國家難治就想要好的宰相』。現在我想要任命宰相，大致不出魏成或翟璜二人之一，您的看法如何？」

名句的故事

戰國時代初期，魏國最為強盛，就是因為魏文侯禮賢下士，各方人才薈萃。

魏文侯向元老李克徵詢對宰相人選的意見，李克先以「卑不謀尊，疏不謀戚」推托，魏文侯一定要他表示意見，李克提出「五條件說」：「日常生活觀察他和誰親近，有錢則觀察他如何施與，做大官觀察他推薦哪些人，不得志時觀察他不做什麼事，貧窮時觀察他不會取什麼東西。以這五個標準就可以決定宰相人選，何必我來說呢？」

李克出來後，拜訪翟璜，翟璜向他打聽：「國君將任命誰為宰相？」李克說：「應該是魏成吧！」

翟璜臉色大變說：「我哪一點不如魏成？吳

起是我推薦的，西門豹、樂羊也是我推薦的，他們都立了大功，我甚至推薦你擔任中山太守，我哪一點不如魏成！」言下大有責備李克的意思。

李克說：「你推薦的都是人才，可是國君只不過用他們為臣；魏成推薦卜子夏、田子方、段干木，這三人都成為國君的老師。我由此推測魏成將被任命為宰相。」

歷久彌新說名句

翟璜推薦過很多人才，個個都擔當重任，卻也可能引致國君對他的疑慮，擔心他的黨羽勢力太大。

唐朝武則天大權獨攬時，婁師德推薦狄仁傑擔任宰相。武則天有一次問狄仁傑：「婁師德才能如何？識不識人才？」狄仁傑都未做正面肯定。武則天說：「你這個宰相可是婁師德推薦的喲！」狄仁傑表示慚愧。

武則天疑心極重，狄仁傑有可能藉此表示「與婁師德無私交」，以免武則天猜忌。

名句可以這樣用

李克是個老狐狸，不指名推薦誰，卻提出了五個選擇條件，「條件說」在政治上被廣為運用，可以用來鎖定某人，也可以用來排除某人，甚至工程發包採用「規格標」，都是「條件說」的妙用！

燕雀安知鴻鵠之志

名句的誕生

陳涉[1]少時嘗與人傭耕，輟[2]耕之壟[3]上，悵恨久之，曰：「苟富貴，無相忘。」庸者笑而應曰：「若為庸耕，何富貴也？」陳涉太息[4]曰：「嗟乎，燕雀安知鴻鵠[5]之志哉！」

〈陳涉世家〉

完全讀懂名句

1. 陳涉：就是陳勝，字涉，秦陽城（今河南省登封縣東）人。秦二世時，與吳廣起兵，天下之士相率歸向。不久自立為楚王，勢力頗大，後來為部下莊賈所殺。
2. 輟：停止。
3. 壟：田埂。
4. 太息：大聲地嘆息。
5. 鴻鵠：大鳥，比喻志向高遠的人。

陳勝小時候曾經當傭工幫人耕田。有一次在休息時，站在田埂上面，怨歎自己命不好，對同伴說：「有朝一日我富貴了，一定不會忘記你們。」其他傭工笑他：「你只是一個幫人種田的農夫，怎麼可能富貴？」陳勝長嘆一口氣，說：「燕雀這種小鳥怎麼能知道鴻鵠這類大鳥的志向呢？」

名句的故事

秦二世時，陳勝和吳廣被徵召派去北方戍守，卻因為下大雨、道路不通，困在大澤鄉，誤了規定報到的時間。依據秦朝的嚴苛法令，戍卒逾期報到，罪當斬首。

陳勝與吳廣研判自己的命運：「遲報到必死，逃亡也是死，造反則了不起一死。反正要死，乾脆拚一記，搞不好成就大業。」

於是，九百戍卒揭竿起義，敲響了秦帝國第一聲喪鐘。陳勝對同志們說：「王侯將相難道是天生的嗎？」一時四方響應，兵力快速擴張到數萬人，陳勝自立為主。

歷久彌新說名句

陳勝稱王以後，有一位昔日種田夥伴去找他，陳勝很高興，留在他宮內做客。可是這位老朋友不懂規矩，經常對人講述陳王貧賤時期的事情（包括糗事）。因此，有人對陳王說：「你這位客人口沒遮攔，會折損你的威望。」陳勝於是斬了這位昔日同伴。

一個農夫的「鴻鵠之志」推翻了一個帝國，可是「鴻鵠最終卻殺了燕雀」，正顯示陳勝氣度不夠寬廣。而後世有許多開國君王誅殺功臣，也多是因為昔日夥伴一下子沒能適應「同伴成了皇帝」，壞了君臣規矩，也丟了腦袋。

名句可以這樣用

「將相本無種」是平凡人有志氣的豪語，然而立志貴在有明確方向（志向）。同樣是起義抗秦，項羽見到秦始皇陣仗時說的「彼可取而代之也」，志向明確、規模宏大，堪與陳勝「鴻鵠之志」（口氣大但卻抽象）對照。

子以母貴，母以子貴

名句的誕生

大行[1]奏事畢，曰：「『子以母貴，母以子貴』，今太子母無號，宜立為皇后。」景帝怒曰：「是而所宜言邪！」遂棄誅[2]大行，而廢太子為臨江王。

〈外戚世家〉

完全讀懂名句

1. 大行：掌禮儀之官。
2. 棄誅：殺害，剷除。

禮官在奏事完畢之後，向皇帝建言：「古書上說『子以母貴，母以子貴』，如今太子的母親尚未有稱號，建議立為皇后。」漢景帝大怒，說：「這件事是你該講的嗎？」下令誅殺大行，並且將太子廢為臨江王。

名句的故事

漢景帝還是太子的時候，祖母薄太后為他選了一位娘家女子為妃，景帝即位後，立為薄皇后。薄皇后沒有生兒子，在薄太后駕崩之後，就廢了薄皇后。

由於皇后無子，景帝立長男劉榮為太子。太子的母親是栗姬，最有希望立為皇后，可是卻因為沒答應長公主（皇帝的姊姊）的女兒為太子妃，後宮另一位妃子王夫人答應了長公主，於是長公主一有機會就在弟弟前面講栗姬壞話，主張立王夫人為皇后。

漢景帝正為後宮紛爭煩心，那位「大行」偏不識趣，結果丟了腦袋。栗姬則因此憂恨而死，王夫人被立為皇后，兒子就是後來的漢武帝，長公主的女兒後來就成為皇后。

歷久彌新說名句

那位「大行」引的古書是《公羊傳》，記載春秋魯國隱公、桓公兄弟倆先後為君，隱公是哥哥，但母親出身寒微，桓公的母親則是宋國國君的女兒。《公羊傳》對此演繹了一大套「立長」還是「立嫡」的道理，簡單說，都是為國君就大位「合理化」。

子以母貴，所以母親是皇后，兒子雖排序在後仍為「嫡子」，理當為太子；母以子貴，所以兒子當了太子，母親就該是皇后，若兒子當上了皇帝，母親就成了太后。兩者之間其實有矛盾之處，而最終還是後宮權力鬥爭決定。

名句可以這樣用

回頭體會一下，戰國時李克回答魏文侯的「疏不謀戚」真是明智啊！歷史上後宮奪床、奪嫡的血淋淋故事多到不勝枚舉，外臣捲進皇家權力鬥爭，幾乎都沒有好下場。

所幸今天是民主時代，國家領導人由人民投票決定。可是，在一些財團家族裡面，這一幕仍不斷地上演。

生男無喜，生女無怒

名句的誕生

衛子夫[1]立為皇后，后弟衛青[2]字仲卿，以大將軍封為長平侯。四子皆為侯，貴震天下。天下歌之曰：「生男無喜，生女無怒，獨不見衛子夫霸天下。」

〈外戚世家〉

完全讀懂名句

1. 衛子夫：衛皇后，字子夫，西漢武帝之后。本是平陽侯府中的歌女，服侍平陽公主，後入宮為夫人，生了一男，立為皇后。
2. 衛青：字仲卿，漢平陽（今山西臨汾）人。漢武帝時的名將，任大將軍討伐匈奴，立功，封為長平侯，卒諡烈。

漢武帝立衛子夫為皇后，衛子夫的弟弟衛青字仲卿，官居大將軍，爵封長平侯，他的四個兒子都封侯，一家顯貴名震天下。民間歌謠唱著：「生男孩毋須歡喜，生女孩也不必生氣。難道沒看見衛子夫一家人稱霸天下？」

名句的故事

館陶長公主將女兒陳阿嬌嫁給王夫人的兒子劉徹，姑媽館陶公主曾經跟姪兒劉徹開玩笑：「將來你要如何善待阿嬌？」劉徹說：「我用黃金蓋一間屋子給她住。」這就是「金屋藏嬌」成語的典故。

劉徹後來成了漢武帝，而館陶公主總以為武帝的皇位是她幫忙弄到的（王夫人立為皇后，劉徹立為太子），所以阿嬌（陳皇后）驕縱異常。後來因為沒有生兒子，所以被廢了后位。

衛子夫本來是武帝姊姊平陽公主的侍女，武帝拜訪姊姊時，在公主府「臨幸」了衛子夫，於是平陽公主將衛子夫送進宮中，後來被立為皇后。

平陽公主的丈夫早死，寡居多年。後來衛青因為帶兵征伐匈奴屢建大功，升官封侯，武帝下詔衛青娶平陽公主。

（註：這句名言出處不在司馬遷原版本，而是後人「褚先生」在章末加註。）

歷久彌新說名句

農業社會中，生男孩代表多一分「勞動力」，生女孩則長大了要嫁出去，於是重男輕女的觀念乃深植人心。

然而，「裙帶」的威力有時候大到難以想像，衛子夫是一個例子，唐代的楊貴妃又是另一例。楊貴妃的堂兄楊國忠當宰相，她的姊妹都封夫人，因而白居易在〈長恨歌〉中寫道：「遂令天下父母心，不重生男重生女。」

名句可以這樣用

男尊女卑的時代已經過去，可是傳宗接代的觀念依然存在，因而還是有人千方百計想生男孩。大陸實施「一胎化」政策時期，甚至有溺殺女嬰的事件發生。二千多年前的名言，真該重新體會一下！

當斷不斷，反受其亂

名句的誕生

齊王乃與其舅父駟鈞、郎中令祝午、中尉魏勃陰謀發兵。齊相召平聞之，乃發卒衛王宮。魏勃紿[1]召平曰：「王欲發兵，非有漢虎符[2]驗也。而相君圍王，固善。勃請為君將兵[3]衛衛王。」召平信之，乃使魏勃將兵，使圍相府。召平曰：「嗟乎！道家之言『當斷不斷，反受其亂』，乃是也。」遂自殺。

〈齊悼惠王世家〉

完全讀懂名句

1. 紿：欺騙、欺誑的意思。
2. 虎符：古代掌管軍隊或用兵的虎形兵符。
3. 將兵：統帥士兵的意思。

齊王與舅舅駟鈞、郎中令祝午和中尉魏勃私下計畫出兵（討伐諸呂），齊國丞相召平聽到傳聞，就要發兵包圍王宮。（漢時封國宰相是中央所派，兼有輔佐和監視的作用。）

魏勃誆召平，說：「王要發兵，並沒有朝廷虎符（意欲造反），丞相包圍王宮，實在是正當行為，我自請帶兵執行任務。」於是將指揮權交給魏勃，魏勃取得指揮權以後，反過來包圍了丞相府。召平說：「唉！道家有所謂『該做決斷的時候不決斷，反過來受到（猶豫不決的）傷害』，不就是這樣嗎？」自殺而死。

名句的故事

漢高祖劉邦死了以後，呂太后當權，政事一把抓，並且大封娘家兄弟為王，眼看劉家天下不保，史稱「諸呂之禍」。

劉邦的大兒子劉肥是庶出，封為齊王，劉肥死後，劉襄繼承，就是前述所提到的齊王。劉襄的弟弟劉章封朱虛侯，在中央朝廷做官，有勇力，不畏懼呂太后，因此成為朝中忠於劉氏大臣的後盾。

呂太后駕崩，諸呂企圖奪權，劉章就派人聯絡老哥齊王出兵。齊王排除了召平這個絆腳石以後，又騙取瑯琊王的兵馬，揮軍西進。但是人算不如天算，元老周勃、陳平已經誅殺了諸呂，瑯琊王在諸大臣前面數落齊王的不是，於是眾議迎立代王為帝（漢文帝），並且要求齊王退兵。

歷久彌新說名句

項羽在鴻門宴時未下決心殺劉邦，韓信在蒯徹鼓勵他造反時下不了決心，最終都敗在劉邦手下，都是「當斷不斷，反受其亂」的見證。

名句可以這樣用

「當斷不斷，反受其亂」這句名言應當隨時記取在心，因為機會總是一閃即逝，機會來時猶豫不決，一旦錯失，悔之晚矣。

孺子可教也

名句的誕生

良殊大驚，隨目之。父去里所，復還，曰：「孺子[1]可教矣。後五日平明[2]與我會此。」〈留侯世家〉

完全讀懂名句

1. 孺子：指幼童。
2. 平明：指天剛亮的時候。

張良對老人的行徑大為驚異，目瞪口呆地看著老人離去。老人走出一里外，又轉回來（見張良仍然楞在那裡），說：「小子值得我教導（有慧根）。五天後的日出時分，在這裡與我相見。」

名句的故事

張良收買大力士椎殺秦始皇「誤中副車」，秦始皇下令全國地毯式搜索，張良改姓埋名逃到下邳避風頭。有一天走在橋上，有一位老人故意將鞋子落到橋下，對張良說：「小子，下去幫我撿上來。」張良起初想揍他，看他年紀大了，忍下性子，下去幫他撿鞋子。老人又說：「幫我穿上。」張良跪下幫他穿鞋。老人連謝謝都不說一句，笑著離去。這就是張良楞在那裡的原因——世上居然有這種人？

五天後，張良一大早去赴老人的約會，老人已經等在那裡，生氣地說：「跟老人家約會，怎麼可以遲到？五天後再來。」五天後，雞一叫張良就去橋上，老人又等在那裡，又要他五天後早點到。再過五天，張良半夜就去等候，這一次總算比老人先到。老人於是送他一套《太公兵法》，張良學會了兵法，輔佐劉邦平定天下。那位老人就是黃石公。

歷久彌新說名句

劉邦和項羽爭天下，全靠一個「忍」字——先攻進咸陽，忍住不稱王；項羽把他封到漢中，忍氣吞聲去了；項羽要烹劉太公，劉邦還能說出「分我一杯羹」。

黃石公故意掉落鞋子，無理要求張良為他撿鞋、穿鞋，又刻意提早到達約會地點，兩度叫張良回去「五日後再來」，就是為了測驗他的耐性。證實了耐性之後，才確認「孺子可教也」，值得傳授這套《太公兵法》。

名句可以這樣用

當老師最大的成就感是「得天下英才而教育之」。但即使是現今的考試制度，同一學校、科系的學生都具有一定的程度水準，老師仍不免在發現一位可造之材時，興起「孺子可教也」的欣慰之感。

忠言逆耳利於行，良藥苦口利於病

名句的誕生

良曰：「夫秦為無道，故沛公得至此。夫為天下除殘賊，宜縞素[1]為資[2]。今始入秦，即安其樂，此所謂助桀為虐。且『忠言逆耳利於行，毒藥苦口利於病』，願沛公聽樊噲[3]言。」沛公乃還軍霸上。

〈留侯世家〉

完全讀懂名句

1. 縞素：純白色的絹，或是白色的喪服，此處表示儉素。
2. 資：憑藉的意思。
3. 樊噲：人名。初以屠狗為業，後隨劉邦起兵，高祖即帝位後，封舞陽侯，卒謚武。

張良（對劉邦）說：「秦朝施行暴政，所以沛公您才能進入咸陽。我們既是為天下剷除殘暴政權的義軍，就該以樸素為本。如今才剛剛進入咸陽，如果就安逸取樂，那就是所謂的助桀為虐。同時，忠誠的建言雖然聽起來不順耳，但是有利於事業成功；有功效的藥物雖然味道很苦，但是有利於病情。希望沛公採納樊噲的建議。」劉邦於是將部隊拉回霸上駐紮。

名句的故事

張良輔佐劉邦，多次依據《太公兵法》向劉邦獻策，漸漸建立了信任基礎。劉邦進入咸陽之後，看到阿房宮的瑰麗，還有宮內的珠寶、美人、珍禽異獸，大為心動，很想住下來享受戰果。樊噲勸他住到咸陽城外，劉邦不聽，張良就對劉邦說了上述那番話，劉邦才撤出咸陽。這個決定，後來讓項羽沒有口實攻擊劉邦，等於救劉邦逃過一劫。

歷久彌新說名句

三國前期，袁紹與曹操在北方展開決戰，袁紹的謀士田豐提出諫言，被袁紹斥為動搖軍心下獄。等到袁紹在官渡大敗，回軍途中心想：「之前不聽田豐之言，這下子難免被他訕笑。」就派人到獄中殺了田豐。

曹操領百萬大軍南下，在赤壁大敗，想起郭嘉曾經勸阻他南進，當場痛哭表示對不起郭嘉（當時郭嘉已病故）。

袁紹失敗、曹操成功，兩人對「逆耳忠言」的反應，說明了領袖的胸襟是國家成敗的重要因素。而劉邦一聽「逆耳忠言」就採納，顯然又高過曹操一籌。

名句可以這樣用

「忠言逆耳利於行，毒藥苦口利於病」語出《孔子家語》，這「毒藥」原本是「有效克制病菌的藥」之意，後人改為「良藥」以免誤解。

桀、紂分別是夏、商二代的末代國君，皆以暴虐亡國，「助桀為虐」與「助紂為虐」是一樣的意思。

人生一世間，如白駒過隙

名句的誕生

呂后德留侯，乃彊[1]食之，曰：「人生一世間，如白駒[2]過隙[3]，何至自苦如此乎！」留侯不得已，彊聽而食。

〈留侯世家〉

完全讀懂名句

1. 彊：迫使。也作盡力的意思。
2. 白駒：白色的駿馬，引申為光陰、歲月。
3. 過隙：跑過縫隙，比喻光陰消逝迅速。

呂后感念張良（封留侯）過去的幫忙，強迫他進食，說：「人生這一輩子，有如白馬奔過小縫隙那般快速，何必虐待自己到這種程度？」張良不得已，勉強遵命進食。

名句的故事

呂后為什麼感謝張良？因為劉邦寵愛戚姬，一度想要廢掉太子，改立戚姬的兒子趙王劉如意。張良擔任太子少傅，設計請出四位長者「商山四皓」輔佐太子，劉邦見太子得人心，而且「羽翼已成」，就沒有更換太子。

太子其實並沒多少才能，由於母親是皇后，子以母貴，所以立為太子；然而，一旦換了太子，母以子貴，戚姬將成為皇后，呂后地位不保，所以呂后感謝張良。

張良又為什麼要絕食？因為眼見劉邦誅殺功臣，為求自保，就揚言：「我要放棄人間俗事，追隨仙人赤松子學道。」於是「辟穀食氣」，也就是停止進食，以示沒有追逐權力之心，化解劉邦的猜忌。

歷久彌新說名句

秦始皇削平六國，大將王翦居功厥偉。有一次派他率領六十萬大軍出征楚國，出師前要求良田與宅邸，行軍半途，又派使者回去要求更多土地，有人問他是不是太過頭了？他說：「秦王生性多疑，如今傾全國之兵交付給我，只怕他內心不安（我就會有危險），我如果不多要求田宅，以示為家人子孫做長遠打算，豈不加深他的疑慮？」

王翦一族最終能在秦始皇手下安享富貴榮華，就是因為他的「先見之明」，得以避禍。與王翦齊名的另一位名將蒙恬（毛筆發明人）就沒有那麼好的下場。

名句可以這樣用

「白駒過隙」最早出自《莊子》是形容人生極短促，另一句「人生如朝露」是比喻：太陽一出來，早晨的露水就會蒸發掉了。也是勸人把握短暫人生的意思。

事兄如父，事嫂如母

名句的誕生

為平[1]貧，乃假貸[2]幣以聘[3]，予酒肉之資以內婦。負誡[4]其孫曰：「毋以貧故，事人不謹。事兄伯如事父，事嫂如母。」

〈陳丞相世家〉

完全讀懂名句

1. 平：指陳平，輔佐高祖屢出奇策，惠帝時，官至左丞相。
2. 假貸：借貸。
3. 聘：指下聘，訂婚時男方贈與女方的信物和禮物。
4. 誡：警告，規勸。

（張負）考慮到陳平很窮，於是借錢給他來下聘，並且致送迎娶（孫女）的宴客酒肉費用。張負告誡他的孫女：「不可以因為對方家貧，而待人不恭敬謹慎。侍奉（陳平的）長兄陳伯要像侍奉父親一樣，侍奉嫂嫂，如同侍奉母親。」

名句的故事

陳平繼蕭何、曹參之後擔任丞相。他少年時家境貧窮，可是愛讀書、不事耕作，陳伯自己耕田，放任陳平求學。長大後，陳平成為一個俊美男子，可是他的嫂嫂經常不屑地批評：「他也不過是個吃粗糠的貨色。有這種不事生產的小叔，不如沒有。」

地方上有一位富人張負，有個孫女嫁了五個丈夫都死了，沒有人敢再娶她，陳平卻對她有意思。有一次鄉人辦喪事，陳平去幫忙，非常賣力。張負在喪事完畢後尾隨陳平回家，見他家雖然窮得連門都沒有，可是門口卻有很多車轍軌跡（客人都有地位），於是將孫女兒嫁給陳平。

有了老婆的祖父資助，陳平交遊更廣。後來群雄並起，陳平先投奔魏咎，再投入項羽帳下，都不得志，最後投靠劉邦，建立大業。

歷久彌新說名句

陳平屢獻奇計，深獲劉邦重用，周勃、灌嬰等向劉邦打陳平小報告，說陳平「在家鄉時與嫂嫂通姦，平常又接受諸將賄賂」。

劉邦以此責備推薦陳平的魏無知，魏無知說：「陛下責問的是操守，我推薦的是才能。如今正處於戰爭期間，那種具有孝順、誠信的美德，卻無助於軍事勝利的人，又有多大用處？」

其實，陳平有沒有跟嫂嫂通姦，是一段公案，由前面故事看來，那位嫂嫂似乎還看不上陳平哩！

名句可以這樣用

古時候家族規矩很多，父母親過世以後，「長兄為父，長嫂為母」，也就是一家之長。到後來，不再用「事奉」的觀念，這兩句就成了「敬兄如父、敬嫂如母」。換個角度來看，陳伯對待陳平的確有「長兄為父」的風範，當然也值得陳平的妻子「事兄如事父」了。

史記100

風蕭蕭兮易水寒

——列傳

生我者父母，知我者鮑叔

名句的誕生

管仲曰：「吾始困時，嘗[1]與鮑叔賈[2]，分財利多自與，鮑叔不以我為貪，知我貧也。吾嘗為鮑叔謀事而更窮困，鮑叔不以我為愚，知時有利不利也。吾嘗三仕三見逐[3]於君，鮑叔不以我為不肖，知我不遭時也。吾嘗三戰三走，鮑叔不以我為怯，知我有老母也。公子糾敗，召忽[4]死之，吾幽囚受辱，鮑叔不以我為無恥，知我不羞小節而恥功名不顯於天下也。生我者父母，知我者鮑子也。」

〈管晏列傳〉

1. 嘗：曾經。
2. 賈：買入賣出，指做生意。
3. 見逐：被趕逐。見，此處表示被動。
4. 召忽：管仲和召忽輔佐公子糾。在齊桓公的施壓下，魯莊公殺死公子糾，擒住管仲和召忽，準備將二人送還齊國發落。為了表達對公子糾的忠誠，召忽自殺，死前對管仲表示，他死了，公子糾便有以死事之的忠臣；管仲活著建功立業，讓齊國稱霸，公子糾也有生臣了。死者完成德行，生者完成功名，兩人各盡其分。

完全讀懂名句

管仲說：「我從前貧困的時候，曾經和鮑叔合夥做生意，分配利潤時總是多分給自己一些，鮑叔不認為我貪心，因為他知道我比較窮。我曾經為鮑叔謀劃事情，結果反而搞砸了，鮑叔不認為我很蠢，因為他知道運氣有時好有時不好。我曾經三次做官都被國君炒魷魚，鮑叔不認為我才能不足，因為他知道我還沒有遇到好機會。我曾經三次在作戰時逃亡，鮑叔不認為我怯懦，因為他知道我家有老母。公子糾失敗，召忽自殺以明志，我則忍辱甘為囚犯，鮑叔不認為我缺乏羞恥心，因為他知道我不以小羞辱為恥，而以不能名揚天下為恥。生我的是父母，可是瞭解我的是鮑叔啊！」

名句的故事

管仲原本是齊桓公的政敵，而且還行刺齊桓公。可是齊桓公就位以後，鮑叔強力推薦管仲，齊桓公乃任用管仲為宰相，齊國大治，稱霸諸侯。鮑叔雖有引薦之功，但仍然以長官禮節事奉管仲，當時國際輿論都稱讚鮑叔能知人。

歷久彌新說名句

對照本書「國亂思良相」文中所選，翟璜推薦李克、魏成推薦子夏、婁師德推薦狄仁傑，都比不上鮑叔牙推薦管仲。官場中相互推薦，多為廣結人脈；推薦別人當自己的上司，還能誠心執下屬之禮，歷史上還很難找到第二位。

名句可以這樣用

「管鮑之交」因而成為形容朋友交情真誠不渝的成語。而後人對賞識自己才能的人表達感謝時，就常用「生我者父母，知我者某某」。事實上，以管仲自述的那些行為，一般來說，還真沒有人願意再跟那種人繼續交朋友哩！

衣食足而知榮辱

名句的誕生

管仲既任政相齊，以區區[1]之齊在海濱，通貨積財，富國彊[2]兵，與俗同好惡。故其稱曰：「倉廩[3]實而知禮節，衣食足而知榮辱，上服度則六親固。四維[4]不張，國乃滅亡。下令如流水之原，令順民心。」

〈管晏列傳〉

完全讀懂名句

1. 區區：微小的意思。
2. 彊：同「強」，健壯，壯盛。
3. 倉廩：儲藏米穀之處。
4. 四維：禮義廉恥。

管仲擔任齊國宰相掌握政權，有鑑於齊國位處在海之濱（遠離中原的偏遠地區），所以致力於發展工商業、累積資財，齊國因而富裕且軍費充足，並且和庶民俗眾的好惡相一致。《管子》書上說：「糧倉裡米穀充實，人民才講求禮節；家庭裡衣食充裕，人民才有羞恥之心；在上位者遵行制度，親族之間才能團結。禮義廉恥若不能為社會信奉，國家就要滅亡。政府的命令要如同水由高處向低處流動一般，不違逆自然（人性），就能令民心順服。」

名句的故事

管仲擔任齊桓公的宰相，當時的齊國處於內亂後的風雨飄搖之際，齊桓公是由貴族迎立而即位，貴族氣燄囂張。管仲進行經濟、社會、軍事多方面改革，而其根本是在「讓老百姓富起來」，降低貴族的影響力，方法是發展工商。

周朝的社會制度，士農工商階級分明，「士」是統治階級，「農」是本，「工商」是末。管仲提出「本末並重」的口號，工商階級一躍而成為與士農階級平行的專業化隊伍。而「衣食足而知榮辱」，這正是勞苦大眾建立自尊心與自信心（向上心）的原理。國民自尊心與自信心建立以後，貴族的影響力自然相對減低。

歷久彌新說名句

齊桓公出遊，途中見到「郭公」留下的廢墟（郭公想必是一個已滅亡的諸侯國君）。桓公問：「郭公的作風如何？」管仲說：「郭公好好惡惡（同人民共好惡）。」桓公問：「那怎麼會亡國呢？」管仲說：「郭公好好卻不能行，惡惡卻不能去，所以亡國。」這就是《管子》所說「下令要順民心，更要實踐力行」的真義。

名句可以這樣用

民生是治國第一要務，若是經濟不振、就業困難，治安一定不好，這就是「衣食足而知榮辱」的道理。一旦人民衣食不足，怎麼可能禁止人們鋌而走險？

但另一方面，人民衣食足而知榮辱以後，人權與自由的觀念自然而然增強，民主的潮流將隨之而至。

將在外，君命有所不受

名句的誕生

景公遣使者持節赦賈[1]，馳入軍中。穰苴[2]曰：「將在軍，君令有所不受。」問軍正曰：「馳三軍法何？」正曰：「當斬。」使者大懼。穰苴曰：「君之使不可殺之。」乃斬其僕、車之左駙[3]、馬之左驂[4]以徇[5]三軍。

〈司馬穰苴列傳〉

完全讀懂名句

1. 賈：指莊賈，春秋時，齊景公大臣。
2. 穰苴：司馬穰苴，即田穰苴，田完的後裔，是春秋後期著名的軍事家和軍事理論家。
3. 駙：直木。
4. 驂：讀作ㄘㄢ，cān，古時在車旁邊駕車的兩匹馬。
5. 徇：示眾並宣布號令。

齊景公派出使者拿著國君的信物要求赦免莊賈，使者的馬車奔馳進軍營，穰苴說：「將領身在軍中，（即使是）國君的命令也有些不便接受。」問軍法官：「軍營中車馬奔馳該怎麼辦？」軍法官說：「依軍法該斬。」使者大為恐懼。穰苴說：「國君的使者不可殺。」於是斬了使者的僕從，砍斷了馬車車廂外左邊的直木，又殺了左邊那匹拉車的馬，並且向全體部隊展示。

名句的故事

齊景公時，晉國和燕國聯合侵略齊國，齊軍敗戰。宰相晏嬰推薦田穰苴擔任將軍。穰苴對景公表示，由於自己原來的職等不高，擔心「人微言輕」（成語出此典），希望能有一位國君寵信的大臣擔任監軍，用以服眾，景公於是派莊賈擔任監軍。

穰苴和莊賈約定「明天正午在軍營門口會合」。第二天，穰苴提前到達軍營，設好刻漏（計時器）等待莊賈，可是莊賈因為親友為他餞行而遲到，穰苴於是依軍法要斬莊賈。

莊賈急忙派人報告齊景公求救，可是在國君使者到達以前，穰苴已經斬了莊賈。後來連國君的使者都受軍法制裁，這種作風使得穰苴的軍隊軍令森嚴。

歷久彌新說名句

漢文帝時，首都長安外圍設了三個衛戍部隊的軍營：霸上、棘門、細柳。文帝前往巡視軍隊，在霸上和棘門都受到畢恭畢敬的接待，到了細柳營區，營門衛兵說：「軍中只有將軍之令，沒有天子之詔。」於是，要求皇帝與隨從的車馬儀隊一律徐徐而行，不起塵囂，細柳將軍周亞夫全副武裝接待皇帝，並且「甲冑在身，不便下拜」。漢文帝為之印象深刻，告訴他的兒子漢景帝：「將來若有什麼事情，只有周亞夫可以擔當重任。」後來，周亞夫平定「七國之亂」。

名句可以這樣用

「將在外，君命有所不受」是帶兵將領建立權威的一種技術，避免受後方不明戰場軍情人士的掣肘。可是，這和「跋扈」之間的分際得拿捏得恰好才行。穰苴殺莊賈是立威，如果斬了國君使節，就是跋扈了。

以下駟對上駟

名句的誕生

孫子曰：「今以君之下駟[1]與彼上駟，取君上駟與彼中駟，取君中駟與彼下駟。」既馳三輩畢，而田忌一不勝而再[2]勝，卒得王千金。

〈孫子吳起列傳〉

完全讀懂名句

1. 駟：馬。下駟指劣等的馬，中駟指中等的馬，上駟則指上等的馬。
2. 再：表示第二次、又一次或兩次。

孫子（對田忌）說：「（我的策略是）用您速度第三快的馬去和對方最快的馬比賽，再用您最快的馬和對方次快的馬比賽，然後以次快的馬對上對方第三快的馬。」結果，賽完三場，田忌輸一場、贏兩場，得到了齊王的千金獎賞。

名句的故事

孫臏是孫武（《孫子兵法》作者）的後代，與龐涓一同在鬼谷子門下學兵法。龐涓學成下山，得到魏惠王賞識擔任大將，但是心知自己的才能不及孫臏，於是私下差人去請來孫臏，卻設計陷害他，斬斷了孫臏的雙足，並且在他臉上刺字，意欲使孫臏從此「報廢」。

齊國的使者到大梁會見魏惠王，孫臏偷偷地見到齊國使者，一番交談之後，使者發現孫臏胸中藏有韜略，就將他夾帶出境回到齊國，受到齊國大將田忌的賞識。

齊國貴族流行賽馬，每場以三陣定輸贏。孫臏發現，其實各家的馬速度差不了太多，可是比賽戰術刻板，都是以己方最快的馬對上人家最快的馬，以此類推。於是他向田忌獻策，採取前述策略，田忌既然因而得意於賽馬場上，便將孫臏推薦給齊威王，使他成為齊國軍師。

歷久彌新說名句

孫臏的策略如今已被廣泛運用在運動競技場上。例如美國和歐洲高爾夫球二年一度的盛事「雷德盃」，雙方各十二名頂尖選手，實力相差其實不大，領隊如何安排出賽次序乃煞費苦心。如果抓準了對方策略，就能收到「下駟對上駟，上駟對中駟，中駟對下駟」的效果，贏得勝利，抱回獎盃。

名句可以這樣用

「二軍」是一個現代常用的名詞，源自日本棒球用語。而不論「下駟」還是「二軍」，都是次等的意思。然而，二軍表現得好就可以升上一軍，下駟則貶義較濃。

以下駟對上駟實有牽制主力的用意，必須繼以上駟對中、下駟，才能收到戰果。否則若「吝惜」主力而不用，或因輕敵而派副將上場，結果招致敗績，就愚不可及了。

遂成豎子之名

名句的誕生

龐涓[1]自知智窮兵敗，乃自剄[2]，曰：「遂成豎子[3]之名！」（……）孫臏以此名顯天下，世傳其兵法。

〈孫子吳起列傳〉

完全讀懂名句

1. 龐涓：人名，戰國時魏將，與孫臏同學兵法於鬼谷子，因嫉妒孫臏的才能而斷其足。後魏、齊交戰，臏為齊將，困龐涓於馬陵。
2. 自剄：割頸自殺的意思。
3. 豎子：指童僕、兒童，也當作罵人的話。

龐涓心裡明白，局面至此已無計可施，敗戰無可挽回，於是自刎而死，自殺前（不甘心地）說：「居然讓那小子（孫臏）就此成名。」（……）這場戰役（馬陵之役）使得孫臏名揚天下，後世流傳他的兵法。

名句的故事

孫臏擔任齊國軍師，首次揚名立萬是「圍魏救趙」故事，此處不贅述。後來，魏國與趙國聯軍攻打韓國，韓向齊求救，齊威王派田忌為大將前往救援。孫臏隨軍參謀，故技重施，直搗魏國首都大梁。龐涓上次吃了虧，這次急忙抽調軍隊，回擊齊軍。

孫臏這次又出一招：齊軍進入魏國境內以

後，第一天挖十萬軍隊的灶，第二天減為五萬，第三天再減為三萬。龐涓一面急行軍，一面得到情報，研判「齊軍逃亡情況嚴重」，愈發輕敵，留下步兵（包括輜重糧食），以輕騎兵加速進軍。

孫臏早已料中龐涓心理，在馬陵道（地形狹隘的谷道）設下埋伏，選了一棵大樹，砍下一大片樹皮，在白色的樹心木材上書寫「龐涓死於此樹之下」，命令伏兵「夜晚見到火光之處，萬弩俱發」。果然龐涓聽說樹上有字，叫人燃火把觀看，暗夜之中，萬箭齊至，魏軍大亂，人馬踐踏、相殺——龐涓兵敗自殺。

歷久彌新說名句

在漢時，虞詡領兵前往武都救援羌兵入寇，羌兵分兵沿路攔截，虞詡日夜急行軍，下令軍隊在宿營時「逐日加灶」。參謀問他：「兵法有孫臏減灶，而您卻加灶，是為什麼？」虞詡說：「孫臏示弱是為了引龐涓加速來戰，因為他實力轉強。我們的情況則是兵力轉弱，所以讓羌兵以為我們兵力一直在增加，對方心有疑慮，就不敢輕舉妄動。」因而順利抵達武都，後來又用奇計擊退羌兵。

名句可以這樣用

龐涓既知孫臏比自己高明，卻又輕敵急行軍，敗了以後又稱孫臏為「豎子」，足見他既自卑又自傲的矛盾心理。心理不平衡就難以維持理智，嫉妒更是成功的頭號敵人。

在德不在險

名句的誕生

武侯浮西河而下，中流[1]，顧而謂吳起[2]曰：「美哉乎山河之固，此魏國之寶也！」起對曰：「在德不在險[3]。（……）若君不修德，舟中之人盡為敵國也。」武侯曰：「善。」

〈孫子吳起列傳〉

完全讀懂名句

1. 中流：中游。
2. 吳起：人名，戰國時衛人。
3. 險：指地形險阻。

魏武侯乘船順西河而下，船至西河中游，武侯回頭對吳起說：「這山河多麼壯麗堅固，真是魏國的寶貝啊！」吳起回答：「（國家的寶貝）在於德政而不在於地形險阻。如果國君不行德政，這船上的人都會成為敵人。」武侯說：「你說得很對。」

名句的故事

吳起對魏武侯的說詞當中（前述原文之「……」），細述夏桀、商紂都有山河之險，可是都因為不修德政而亡國。這番話多少有教訓的意味。魏武侯是繼位新君，聽到前朝老臣講這種話，不可能順耳，所以只淡淡地應了一句「善」，心裡是不服氣的。

後來，吳起被駙馬和公主聯手陷害，投奔楚國。

歷久彌新說名句

吳起是衛國人，到魯國為將，齊國攻打魯國，魯君有意用吳起領軍，可是疑慮吳起的妻子是齊國人，吳起因而殺了妻子。雖然得以領軍打敗齊國，但也因此壞了形象，吳起離開魯國，投奔魏文侯。

魏文侯重用吳起，讓他鎮守西河，負責面對秦國與韓國方面的大任。之後，吳起又離開魏國到楚國，楚國因他而國富兵強，但後來捲入宮廷鬥爭被殺。

吳起這種「跨國人才」在今日國際化工商社會，必然成為大企業競相延攬的對象。而且，吳起「在德不在險」這句話的原理仍然有效，「險」是公司的優勢（如資金、產品等），但是「德」才是留住人才的法寶，留不住人才，再強也會變弱。

名句可以這樣用

雖然說，吳起的說法有教訓新君意味，但畢竟是對國君說話，「在德不在險」至少語氣上很委婉。然而美國總統選舉（一九九二年柯林頓對老布希）時的口號：「笨蛋，問題在經濟！」兩句用意一樣，口氣可是完全不同！

以貌取人，失之子羽

名句的誕生

（子羽）南游至江，從弟子三百人，設取予去就，名施乎諸侯。孔子聞之曰：「吾以言取人，失之宰予[1]；以貌取人，失之子羽[2]。」

〈仲尼弟子列傳〉

完全讀懂名句

1. 宰予：孔子弟子，字子我，春秋魯國人，也稱宰我。
2. 子羽：孔子弟子，姓澹臺，名滅明，字子羽，春秋武城人。

子羽到江南講學，有三百名弟子追隨他，他訂下「什麼該取、什麼該給、何時該辭、何時該就（官位）」的標準，絕不苟且，在諸侯國際間博得名聲。孔子聽說後表示：「我以言辭判斷人，看錯了宰予；以外貌判斷人，看錯了子羽。」

名句的故事

宰予，就是那位白天睡覺被孔子批評「朽木不可雕也」的弟子，口才極佳、辯論犀利。擔任齊國的臨淄大夫，與田常一同作亂，失敗而導致全族誅滅。孔子以他為恥。（註：這一段，《史記》與《左傳》記載不同，此處引用《史記》。）

子羽本名澹臺滅明，外貌長得很醜，追隨孔子求學，孔子一直認為他才能不怎麼樣。學業告一段落之後，子羽離開孔門，自己修行。他的作風「行不由徑，非公事不見卿大夫」，也就是走路不抄捷徑（比諸今日，就是不穿越草皮），除非為了公眾事務不去見高官（不走門路，不做關係），是一位正直到了極點，乃至有些過頭的人。

歷久彌新說名句

晉朝那位每天搬磚頭練身體，連木片、竹頭都要節省的都督陶侃，有一次，朋友向他推薦一位青年才俊，陶侃就親身前往拜訪。他見到那位青年才俊住在一間小屋裡，滿屋書畫，棉被長時間不洗，頭髮又亂又長，陶侃掉頭就走。回去對朋友說：「此人『亂頭養望，自謂宏達』，卻連自己的居處都管不好，我不相信他有能力處理天下事。」

子羽是天生長得醜，但也是天性正直、一絲不苟，所以長久以後贏得名聲。陶侃本人是天性勤儉，所以可以一眼看出那位年輕人是故作名士派，沽名釣譽。

名句可以這樣用

世間事其實並不公平，至少在外貌上如此，俊男美女天生就占便宜。可是，西諺也說：「人的面貌，四十歲以前父母決定，四十歲以後自己決定。」相隨心轉，寧可讓人家後悔「以貌取人，失之子羽」，切莫自己「天生自棄難麗質」。

千人諾諾，不如一士諤諤

名句的誕生

趙良曰：「千羊之皮，不如一狐之掖[1]；千人之諾諾[2]，不如一士之諤諤[3]。武王諤諤以昌，殷紂墨墨[4]以亡。君若不非武王乎，則僕請終日正言而無誅，可乎？」

〈商君列傳〉

完全讀懂名句

1. 掖：通「腋」，指肢胳窩。
2. 諾諾：連連答應的聲音，表示順從。
3. 諤諤：ㄜˋ，è，直言無諱的樣子。
4. 墨墨：無聲無息，通「默默」。

趙良（對商鞅）說：「一千頭羊的皮，價值不如一隻狐狸腋下的皮；一千個人低聲附和，不如一位知識分子直言爭辯。從前周武王因有直言之士而興起，商紂王因滿朝默默之士而亡國。您如果不否定周武王的作風，那麼我請求整天直言而不受刑罰，可以嗎？」

名句的故事

秦孝公重用商鞅，變法圖強，十年後，秦國國富兵強。可是商鞅因為削減了貴族的特權，受到很多怨憤與中傷。

曾經支持商鞅的秦國大夫趙良於是去見商鞅，前述發言是他的開場白，商鞅很大方的回答他：「美麗的語言是花朵，真切的語言是果實；苦口婆心的語言是藥石，好聽的語言是疾病。你願意整天直言，乃是治我病的藥石，請不要客氣吧！」

接下去，趙良一番長篇大論，意謂商鞅累積了太多怨氣，一旦失寵於國君，等著「收拾」他的人可多著呢！但是商鞅不聽。後來秦孝公去世，商鞅立即成為過街老鼠，最終自己被「車裂」（五馬分屍），全家被屠殺。

名句可以這樣用

低聲下氣的附和，我們用「唯唯諾諾」；直言敢諫的人，我們用「諤諤之士」來肯定他。

歷久彌新說名句

改革一定會有陣痛，改革一定不利於既得利益者。

「陣痛」是人民、社會的適應問題，熬過陣痛就是「新生的喜悅」；但是既得利益階級的反撲，卻經常毀滅了改革者。

宋代王安石變法、明代張居正改革都和商鞅變法一樣，造就了國家富強；可是也都和商鞅一樣，遭到既得利益集團的反撲。王安石被黜下野，張居正死後被褫奪封號（很久以後才平反）。

毛羽未成，不可以高飛

名句的誕生

秦王曰：「毛羽未成，不可以高蜚[1]；文理未明，不可以并兼。」方誅[2]商鞅，疾[3]辯士[4]，弗用。

〈蘇秦列傳〉

完全讀懂名句

1. 蜚：同「飛」。
2. 誅：懲罰，剷除。
3. 疾：這裡是憎恨、討厭的意思。
4. 辯士：指能說善道的人。

秦惠王（回答蘇秦）說：「鳥的羽毛還沒長成之前，不可以想要高飛；國家的政策方向尚未明確之前，不可以想去兼併他國。」由於秦國才剛剛處決了商鞅，不喜歡游說之士，所以不用蘇秦。

名句的故事

蘇秦追隨鬼谷子求學，出師後到各國游說，不成功，窮途潦倒的回家，兄弟姊妹妻子都嘲笑他。蘇秦閉門苦讀，翻出姜太公《陰符經》鑽研，一年後復出。

蘇秦復出第一站是周王室，周顯王不甩他；第二站是秦國，時機不對，秦惠王不接納他；第三站到了趙國，又被拒絕；第四站到燕國，燕王說：「先生若能教齊、趙等大國『合縱』（抗秦），讓燕國不受這兩個鄰近強國的威脅，那麼，寡人願意加入合縱同盟。」

於是燕王交給蘇秦車馬金帛去游說趙國，有了後台資助，蘇秦的運氣也到了，連續游說成功趙、韓、魏、齊、楚，最後「身佩六國相印」，成為戰國時代最成功的縱橫家。

歷久彌新說名句

戰國時另一位縱橫家張儀，和蘇秦一同在鬼谷子門下求學，蘇秦自以為不如張儀。

蘇秦發達後，張儀去求見蘇秦，蘇秦故意羞辱張儀，張儀一怒之下，就前往秦國（蘇秦勢力範圍之外）。蘇秦私下安排人，不露痕跡地與張儀同行，資助張儀游說秦惠王成功，然後才告訴張儀，這一切都是蘇秦的安排。於是張儀感念同學用心良苦，請那人回復：「只要蘇君仍在，張儀不與他作對。」

同樣是鬼谷子門下同窗，龐涓對待孫臏（故事見「以下駟對上駟」）、蘇秦對待張儀，作法截然相反，而下場也截然不同。我們從中得到莫大啟示。

名句可以這樣用

秦惠王是推托之辭，然而，羽毛未長成的鳥當然不可以高飛，猶如今天說的「還不會走就想跑」，眼高手低是失敗之母。至於「你以為羽毛豐滿了?想飛啦!」則是長輩（上司）教訓晚輩口吻，父權心態通常會得到反效果。

寧爲雞口，無爲牛後

名句的誕生

蘇秦說韓宣王曰：「臣聞鄙諺曰：『寧為雞口[1]，無為牛後[2]』，今西面交臂[3]而臣事秦，何異於牛後乎？夫以大王之賢，挾彊[4]韓之兵，而有牛後之名，臣竊為大王羞之。」

〈蘇秦列傳〉

完全讀懂名句

1. 雞口：指雞的口，小而潔。
2. 牛後：指牛的肛門，大而不淨，比喻居下位而卑賤。
3. 交臂：拱手，以表示恭敬、降服。
4. 彊：通「強」。

蘇秦對韓宣王說：「我聽過一句民間諺語『寧願做雞頭，也不做牛尾』。如果韓國向西邊的秦國示好，臣服於他，那跟牛尾巴有啥兩樣？以大王您的英明，又擁有強大的韓國軍隊，卻換來牛尾巴的名聲，我私下為大王感到羞恥。」

名句的故事

蘇秦游說諸侯到了韓國，韓國在戰國七雄當中實力較弱，又因為扼住了成皐、宜陽、南陽等險要地點，成為秦、楚、魏幾個強國覬覦的目標，苦於戰爭不斷。因而韓宣王有意與強國結盟，避免多面作戰。

蘇秦的目標既然是組織「合縱」抗秦，當然

不能讓韓國靠向秦國。於是一上來就先強調韓國的優勢：除了地形險要、兵馬充足之外，韓國製造弓弩的技術天下聞名，強弩射程六百步，製造出來的劍戟鋒利度極高（斬堅甲鐵幕），亦即國防科技領先各國，韓國戰士足以「一人當百」。

秦蘇再分析：「若大王臣服秦國，秦國一定會索求宜陽、成皋等險要之地（聯合駐軍）。若答應他，明年會再要求割更多地；若不答應，非但前功盡棄，且結下新怨。」

先戴高帽子，再挑起秦國需索無度的傷痛，等到「寧為雞口，無為牛後」名句出口，韓宣王勃然色變，手按著劍說：「寡人再怎麼沒出息，也不會向秦國低頭。我願意加入合縱陣營。」

歷久彌新說名句

究竟應該「寧為雞口，無為牛後」？還是「識時務者為俊傑」？是領導人（國家、企業）在面對變局時，無可逃避的抉擇。

三國初期，曹操率大軍南下，孫權就面臨這樣的抉擇。張昭主張「北面事之，不失列侯」，魯肅則說：「我可以事奉曹操，仍有官可做，主公不可以。」就是「寧為雞口」的說服技巧，孫權於是決定抵抗。

名句可以這樣用

若要表達願意追隨對方，古人常用「甘附驥尾」——既然要追隨了，就不能稱對方為「牛」，要稱「驥」（駿馬），否則馬屁拍在牛屁股上，小心牛脾氣！

舉袂成幕，揮汗成雨

名句的誕生

因東說齊宣王曰：「臨菑[1]之塗[2]，車轂[3]擊，人肩摩，連衽成帷[4]，舉袂成幕[5]，揮汗成雨，家殷人足，志高氣揚。夫以大王之賢與齊之彊，天下莫能當。今乃西面而事秦，臣竊為大王羞之。」

〈蘇秦列傳〉

完全讀懂名句

1. 臨菑：指齊國首都臨淄。
2. 塗：道路，通「途」。
3. 轂：指車輪中心的圓木。
4. 連衽成帷：衣襟相接而成帷幕，比喻人很多。衽：ㄖㄣˋ，rèn，指衣襟。
5. 舉袂成幕：只要眾人舉起袖子，就能連結成布幕，形容人很多。袂，ㄇㄟˋ，mèi，指袖子。

蘇秦（成功游說燕、趙、韓、魏之後）於是到東方的齊國游說齊宣王：「齊國都城臨淄的馬路上，車輪的凸軸相撞擊（交通繁忙），行人的肩膀相摩擦（人口密集），衣衽連接起來可以當遮陽蓬，袖子一齊舉起來可以形成布幕，眾人一同揮汗如下雨一般，家家戶戶殷實富足，人民個個抬頭挺胸有自信。以大王的英明與齊國之強盛，天下無可抵擋。如今若向西面的秦國臣服，我私下為大王感到羞恥。」

名句的故事

蘇秦說服的基本模式如一，但視各國情況不同而稍做調整。齊國是東方大國，自管仲以來，經濟發達、物產富庶、人口繁茂，蘇秦除了述說齊國地形險要、兵精糧足之外，特別強調「首都臨淄民生富足，音樂流行，賭博盛行」（像不像二十一世紀初今天的環境），暗示「生活品質那麼好，幹麼放棄？」

蘇秦再申論，韓、魏之所以怕秦國，是因為領土接壤，齊國距秦國那麼遠，怕什麼？於是，齊王也加入合縱陣營。

歷久彌新說名句

這兩句更早見於《晏子春秋》。晏嬰出使楚國，楚國故意想要折辱他，問他：「齊國沒有人了嗎？」晏嬰說：「齊國的臨淄有六萬戶人口，張袂成陰（遮天蔽日），揮汗成雨，怎麼說沒人？」楚王問：「那為何派你來？」晏嬰說：「我們國君派使節有分教：賢者派往賢君之國，不肖者派往不肖國君之國，我的身材又矮又小、才能又不肖，所以派我出使貴國。」楚王自取其辱。

司馬遷寫《史記》在漢代，可能借用這二句來描述臨淄城的繁榮景象。

名句可以這樣用

我們今日常以「揮汗如雨」形容大汗淋漓，這是個人出汗，與眾人「揮汗」如同下雨，一字之差，意境不同，應注意。

臥不安席，食不甘味

名句的誕生

楚王曰：「寡人自料以楚當秦，不見勝也；內與群臣謀，不足恃[1]也。寡人臥不安席、食不甘味，心搖搖然如縣[2]旌而無所終薄[3]。今主君欲一[4]天下，收諸侯，存危國，寡人謹奉社稷[5]以從。」

〈蘇秦列傳〉

完全讀懂名句

1. 恃：依賴。
2. 縣：此處同「懸」，掛、繫。
3. 薄：這裡是附著的意思。
4. 一：統一。
5. 社稷：本指土神與穀神，後泛稱國家。

楚王（對蘇秦）說：「寡人自己估計實力，以楚國一國之力對抗秦國，沒有勝算；和群臣商量又不可依恃（楚國群臣能力不足以應付強秦）。寡人為此躺在床上輾轉難入睡，食物吃在口中也沒味道，心情像懸掛的旗子在風中飄搖而沒有著落之處。現在先生您有意結合天下諸侯的力量，保全遭受危難的國家，寡人願以楚國追隨你的行動。」

名句的故事

蘇秦「合縱之旅」的最後一站是楚國。楚國霸有南方，在六國中最強，但楚威王對秦國戒慎恐懼，因而蘇秦一對他說出「秦是虎狼之國」、「楚強則秦弱，秦強則楚弱」，立即觸動楚威王心事。

楚威王對蘇秦說：「韓、魏受秦國威脅太大，沒辦法跟這兩國深入密謀，搞不好這頭還沒談成，那頭已經向秦國報告。」如此鬱結心情之下，聽說蘇秦提倡的「合縱」已經有五國參加，因此楚王立即欣然加入。

歷久彌新說名句

西漢景帝時，梁孝王派人刺殺大臣袁盎。梁王是太后最鍾愛的小兒子，案子不好處理，景帝乃請出四朝元老田叔審查這個案子。田叔查案完畢，景帝問他：「梁王有沒有犯罪事實？」田叔回奏：「臣犯了死罪（先自請罪，以免皇帝遷怒）。有此事實！」景帝追問詳情，田叔說：「皇上請不要追究這件案子了。」景帝問為什麼？田叔說：「案子辦到底，若不依法誅殺梁王，有損國家法律尊嚴；但若誅殺梁王，則太后『食不甘味，臥不安席』，將成為陛下的憂慮了。」景帝大大讚揚田叔。

名句可以這樣用

同樣是「食不甘味，臥不安席」，楚威王是因為心中憂慮而無主見，景帝的太后則是因為傷心（萬一小兒子被誅殺）。原因不同，但結果都是「嚴重地」睡不好，吃不好。這一句通常用在形容「極度憂慮」的心情。

兩虎相鬥，必有一傷

名句的誕生

莊子[1]欲刺虎，館豎子[2]止[3]之，曰：「兩虎方且食牛，食甘必爭，爭則必鬥，鬥則大者傷，小者死，從傷而刺之，一舉必有雙虎之名。」卞莊子以為然，立須之。有頃，兩虎果鬥，大者傷、小者死。莊子從傷者而刺之，一舉果有雙虎之功。

〈張儀列傳〉

完全讀懂名句

1. 莊子：卞莊子，春秋卞邑大夫，以搏殺老虎聞名。
2. 豎子：童僕。
3. 止：阻擋。

卞莊子有一次遇到兩隻老虎，正想動手刺虎，僕從建議他：「這兩隻老虎正要吃牛，牛肉味美，兩虎必定相爭而互鬥，結果就會是大的那隻受傷，小的那隻死亡，你再搏殺那隻受傷的老虎，一舉獲得殺雙虎的名聲。」卞莊子同意他的看法，站著等結果。不一會兒，兩隻老虎果然相鬥，結果一死一傷，卞莊子殺了那隻受傷的老虎，贏得搏殺雙虎的名聲。

名句的故事

這個故事原本出自《戰國策》，故事與《史記》記載有所出入，但卞莊刺虎的寓言和「兩虎相鬥，必有一傷」名言則完全相同。

韓國與魏國相攻，戰事持續一年多，秦惠王想要出兵相救（救援對象未說明），可是群臣意見不一，惠王難下決定。恰好楚國使者陳軫到了秦國，陳軫以前曾經是秦惠王的臣屬，惠王徵詢他的意見，陳軫就講了卞莊刺虎的寓言，意思是「等到韓魏雙方拚出結果，再出兵撿現成便宜」。

歷久彌新說名句

陳軫和張儀都是游說之士，同時受到秦惠王的禮遇，兩人爭寵，張儀在秦王面前中傷陳軫說：「陳軫出使楚國，楚王對秦國態度並未改善，卻禮遇陳軫，陳軫可能會投奔楚國。」秦惠王問陳軫有沒有這個意思？陳軫舌燦蓮花應付過去。後來秦惠王用張儀為宰相，陳軫只好投奔楚國。

戰國中期，游說之士很多，通稱為「縱橫家」。蘇秦配六國相印，犀首配五國相印，吳起先後在三國擔任大將，孟嘗君當過三國宰相，……。情形很像今日的專業經理人，到處跳槽，而沒有所謂「忠誠問題」。

名句可以這樣用

相似意思的名句，包括「坐山觀虎鬥」和「鷸蚌相爭，漁翁得利」，前者的用法與本句相同，後者則側重警告「鷸蚌」，而非強調「漁翁之利」。

雞鳴狗盜之輩

名句的誕生

乃夜為狗，以入秦宮臧中，取所獻狐白裘[1]至，以獻秦王幸姬。（……）客之居下座者[2]有能為雞鳴，而雞齊鳴，遂發傳出。

〈孟嘗君列傳〉

完全讀懂名句

1. 裘：皮衣。
2. 居下座者：比喻地位不高的人。

（孟嘗君的一位食客）於是在夜裡扮成一隻狗，混進秦宮的府庫，偷出孟嘗君獻給秦王的那件白狐皮裘，去送給秦王愛姬。（……）一名位居下座的賓客會學雞鳴，他一叫，全城的公雞一齊響應，於是守關者開門放行。

名句的故事

孟嘗君好客，門下食客數千人，不管是有學問、有道德之士，還是犯罪逃亡的人，他不分貴賤一律收留並禮遇之。

秦昭王聽聞孟嘗君的名聲，請他到秦國當宰相。但是遭到秦國貴族的中傷，秦昭王乃囚禁孟嘗君，想要殺害他。孟嘗君派人向秦王寵愛的美姬求救，愛姬表示「希望得到孟嘗君的白狐皮裘」，可是那件價值千金的皮裘已經獻給秦王，全靠那位「狗盜」偷回皮裘，秦王愛姬因而施展枕邊功夫，讓秦王放出孟嘗君。

秦王後悔，派兵追捕孟嘗君。孟嘗君一行半

夜趕到了函谷關，關防的命令是每天清晨聽到雞鳴才開門放行，全仗那位「雞鳴客」，騙開城門。出了函谷關，就不是秦國領土，秦王派的追兵空手而返。

歷久彌新說名句

最初孟嘗君收留那兩位「雞鳴狗盜之輩」，其他賓客都瞧不起他們且引以為恥，所以他二人居於「最下座」、「下座」。等到這一次救了老闆和大夥的性命，大家才佩服孟嘗君不已。

三國曹操是亂世奸雄，他掌權期間，曾下過三道「求賢令」，特別要求負責訪才的官員：「即使名聲很壞、行為受人不齒，甚至不忠不孝，但只要有用兵之術，都不可以遺漏。」

想要在亂世中建立功業，就不能拘泥世俗規範，只要是人才就該吸收，甚至「只要是人」，一定有他的用處。

名句可以這樣用

「雞鳴狗盜」故事的原意是希望人們「勿輕視小人物」。然而，沿用至今，我們仍然以此貶抑那些「小賊小盜」，稱之為「雞鳴狗盜之輩」或「雞鳴狗盜之徒」，其行為則是「雞鳴狗盜行徑」。

物有必至，事有固然

名句的誕生

（馮驩）曰：「生者必有死，物之必至也；富貴多士，貧賤寡友，事之固然也。君獨不見夫趣[1]市者乎？明旦，側肩爭門而入；日暮之後，過市朝者掉臂而不顧[2]。非好朝而惡暮，所期物忘其中。今君失位，賓客皆去，不足以怨士而徒絕賓客之路。願君遇客如故。」

〈孟嘗君列傳〉

完全讀懂名句

1. 趣：指行動歸向，通「趨」。
2. 掉臂不顧：手臂一揮，連頭也不回。

馮驩對孟嘗君說：「生命最終一定會死亡，這是必將發生的事情；富貴者有很多賓客，貧賤者很少朋友，這是固然不變的現象。您難道沒看過前往市場交易的人嗎？一大清早，側著肩膀急著要進門；太陽下山，頭也不回地走過。並不是他們喜歡早晨而厭惡傍晚，是因為市場裡已經沒有他們想要的東西了。您一度失去權位，所以門下食客都散去了，（這是必然之理）不必為此抱怨賓客，徒然阻絕了人才回歸之路。希望您仍然像以前一樣對待賓客。」

名句的故事

馮驩在孟嘗君門下為客，抱怨伙食不好、抱怨出外無車，孟嘗君都給了他。馮驩為孟嘗君到封邑薛城收利息，馮驩將薛城人民的欠條通通燒掉，說是為孟嘗君收買人心。

後來齊王罷黜孟嘗君，門下食客通通走了，孟嘗君卻受到薛城人民的歡迎。而馮驩又游走秦、齊二位國君之間，說服秦王再聘孟嘗君為相，齊王聞訊，急忙讓孟嘗君復位。

孟嘗君再度當上齊國宰相，賓客又回來，孟嘗君原本很惱火這些勢利眼的食客，經過馮驩前述一番「物有必至，事有固然」的開導，於是仍然恢復過去的養士作風。

歷久彌新說名句

漢哀帝責問尚書令鄭崇的官邸每天訪客不絕，好像市場一樣熱鬧。鄭崇回答：「臣門如市，臣心如水。」意思是，不會因為上門逢迎的人很多，而有虧職守。

對照馮驩對孟嘗君的那番話，得勢在位時「臣心如水」，遠不如下台了還能「心如止水」。

名句可以這樣用

世人常嘆「鮮花插在牛糞上」。鮮花若能養在花園中，當然是好事，若不能，至少牛糞還能滋養鮮花。所以，不要怨牛糞，先反省自己缺乏養分，這也算是「物有必至，事有固然」。

怯於私鬥，勇於公戰

名句的誕生

范雎曰：「大王之國，四塞[1]以為固，（……）利則出攻，不利則入守，此王者之地也。民怯[2]於私鬥而勇於公戰，此王者之民也。王并[3]此二者而有之。」

〈范雎蔡澤列傳〉

完全讀懂名句

1. 四塞：四境都有要塞或天險，比喻險固。
2. 怯：害怕，畏縮。
3. 并：通「併」，合，兼有。

范雎（對秦昭王）說：「大王的國家，四面地形險要，形勢有利則出兵攻城略地，形勢不利則退守無虞，這是稱王天下的地理優勢。秦國法令嚴，人民不敢私鬥，可是對外作戰很勇敢，這是稱王天下的民氣優勢。大王您同時擁有這兩項稱王天下的優勢條件。」

名句的故事

范雎起初在魏國發展，不得志，進入秦國。秦昭王已經即位三十六年，卻受制於太后和舅舅魏冉，范雎託人走門路上書秦昭王，昭王很欣賞，祕密約見范雎，向他請教。而范雎三度「唯唯」（含糊其辭的附和，與本書前述「千士諾諾」典故，合為成語「唯唯諾諾」），昭王急了，雙膝及地請求他，范雎才豁出去發言。

范雎的發言重點是：秦國有那麼好的條件，

卻閉關不出十五年，就是因為魏冉的私心凌駕了秦國的國家利益（秦王的利益）。

後來，秦昭王終於廢了太后，放逐魏冉，拜范雎為相。

歷久彌新說名句

秦國自商鞅變法，嚴禁私鬥，違者處死，並以戰功封爵位。商鞅垮台被車裂（五馬分屍），但是秦國的法律一直沒改。《韓非子》中有言：「（商鞅）身死法未敗。」這奠定了秦國攻取天下的基礎，這是「制度」的力量。

《三國演義》中，劉表的兒子劉琦受母親、舅舅的迫害，向諸葛亮請教自保之道。諸葛亮也是數度不敢明說，直到劉琦請他上樓，抽去梯子（去梯言），下跪請教，諸葛亮才向他建議：帶兵出外駐守以自保。過程與秦昭王求教范雎的情況相似。

名句可以這樣用

商鞅立下的制度，使得秦國的戰士「怯於私鬥而勇於公戰」，這樣就不會因內耗剝蝕了戰力，而能集中力量對外。反之，如果一個國家、團體或企業的風氣是「勇於內鬥，怯於外戰」，必致內耗而愈趨衰弱。

睚眥之怨必報

名句的誕生

范睢[1]於是散家財物，盡以報所嘗困厄者。一飯之德必償，睚眥[2]之怨必報。

〈范睢蔡澤列傳〉

完全讀懂名句

1. 范睢：人名，字叔。戰國時策士，魏人，善口辯，以遠交近攻的策略游說秦昭王，官拜秦相，封應侯。
2. 睚眥：形容發怒時瞪著眼睛的樣子。

范睢（受秦王重用之後）將家財散盡，用以報答曾經在他困厄之時，幫助過他的人。即使只是給他吃一頓飯的小德，也要（厚重）報償；即使曾經瞪過他一眼的小怨，也要（加重）報復。

名句的故事

范睢得志以後，充分的「快意恩仇」一番。

范睢早先投在魏國中大夫須賈門下。須賈出使齊國，任務不能完成，但齊王聽說范睢有才華，派人致贈十金和牛肉、酒，須賈命范睢收下牛酒，退還十金，並為此內心惱怒。回到魏國，相國魏齊派人將范睢的肋骨打斷，牙齒打落。范睢裝死，被人用草蓆包了起來，丟在廁所裡。後來終於逃出，並由魏人鄭安平引見秦王使者王稽，將他帶回秦國，才有機會游說秦昭王。

秦軍將攻打魏國和齊國，魏王派須賈出使秦國，范雎公開數落須賈罪名，並且在宴會上羞辱他（命令兩個囚徒，將他夾起，像馬吃飼料一般當眾吃下馬的飼料），並且說：「回去轉告魏王，將魏齊的頭送來，不然我就血洗大梁（魏國首都）。」魏齊聞訊，逃往趙國，躲在平原君家裡——這是報仇部分。

帶范雎到秦國的王稽，有一天暗示范雎：「天下有三件無可奈何的事情：（前二項略）如果有一天我突然死了，相君雖然對我感到遺憾，也無可奈何啊！」

范雎聽懂他的意思，保薦王稽擔任河東郡守，保薦鄭安平擔任將軍——這是報恩部分。

至於一飯之恩與睚眥之怨，是除上二項之外的小case。

歷久彌新說名句

東漢末年，董卓專權，以嚴刑恐怖統治，「睚眥之隙必報」——斜眼看他都會遭到白色恐怖。這已不是「恩仇」的問題，而是暴政下的恐怖。

名句可以這樣用

街頭上、校園裡也偶聞因為「瞄人一眼」而挨揍甚至挨刀的事件，那也可形容為「睚眥必報」，但只在炫耀威風的層次，差「快意恩仇」遠矣！

生而辱不如死而榮

名句的誕生

應侯[1]曰：「若此三子[2]者，固義之至也，忠之節也。是故君子以義死難，視死如歸；生而辱不如死而榮。士固有殺身以成名，唯義之所在，雖死無所恨。何為不可哉？」

〈范雎蔡澤列傳〉

完全讀懂名句

1. 應侯：即范雎，字叔，戰國時策士，以遠交近攻的策略游說秦昭王，封為應侯。
2. 三子：此處指商鞅、吳起、文種。

應侯說：「這三位都是『義』的至高表現，『忠』的操守堅持。所以君子會為了大義而赴難，視死如歸，他們的價值觀底線是，活著受屈辱還不如死了享榮耀。做為一個知識分子本來就應該為名譽而不惜犧牲生命，只要是大義所在，即使是死也無怨恨。又有什麼不可以呢？」

名句的故事

蔡澤是一位游說之士，他到了秦國，故意放話：「蔡澤是一位雄辯之士，他一旦見到秦王，必能取代應侯的宰相之位。」范雎聽說這個消息，派人召來蔡澤，兩人進行一場舌戰。

蔡澤舉商鞅、吳起、文種的例子，意謂：「為國建立大功，卻落得身死下場，值得嗎？」

於是，范睢做了前述答覆。蔡澤再提出：「生命和名聲俱全是上等人才；名聲流傳但是性命不保者其次；名聲敗壞而保全性命者是下等。」

幾番舌戰之後，蔡澤說服了范睢，范睢延之為上賓，不久之後，將他推薦給秦昭王，自己稱病請辭，昭王乃拜蔡澤為相。

歷久彌新說名句

「爭千秋，還是爭一時？」這個價值觀的論辯持續了三千年。

文種和范蠡是最佳對照組，范蠡是見微知機、急流勇退的模範；但文種是恃功而驕？是戀棧僥倖？還是如范睢所說「義之所在，視死如歸」？

管仲是另一個例子，和他同時輔佐公子糾的召忽盡忠死節，而管仲忍辱偷生，後來成就大功業，千秋後世又有誰會不齒管仲？

名句可以這樣用

「生而辱，不如死而榮」在今天這個現實社會已經不太流行。高級一點的說法是「留得青山在，不怕沒柴燒」，彈性一點的說法是「東邊不亮西邊亮」，賴皮一點的說法則是「好死不如賴活」！

君子交絕，不出惡聲

名句的誕生

樂毅[1]報遺燕惠王書：「臣聞古之君子，交絕不出惡聲；忠臣去國，不絜[2]其名。臣雖不佞[3]，數奉教於君子矣。恐侍御者[4]之親左右之說，不察疏遠之行，故敢獻書以聞，唯君王之留意焉。」

〈樂毅列傳〉

完全讀懂名句

1. 樂毅：人名，戰國時燕國名將，燕昭王時拜為上將軍。昭王死後，惠王使騎劫代其職位，樂毅奔趙，後卒於趙。
2. 絜：使清潔，修飾。
3. 不佞：不才，自謙之詞。
4. 侍御者：猶稱「殿下」，不直稱對方以示禮敬。

樂毅致書燕惠王寫道：「我聽說，古代的君子絕交時不講難聽話，忠臣離開國家時不為自己的名聲辯護（不說國君的錯失）。我雖然不才，但曾經受過多位君子的教導（所以不辯解）。唯恐君王您聽信左右近臣的說法，而不能明察（我這個）關係疏遠之人的真實行為，所以斗膽寫信向您報告，請您細心明察。」

名句的故事

樂毅擔任燕國上將軍伐齊，五年連下七十餘城，只剩莒和即墨二城未攻下。燕昭王去世，燕惠王即位，齊國的田單派人到燕國散布謠言：「樂毅留下二城不攻，是想要自立為齊王。其實，齊國現在最怕燕國換一位將領來攻打。」燕惠王中了反間計，派騎劫去換掉樂毅，樂毅心知回去燕國恐遭不測，就投奔趙國。

後來，田單以火牛陣擊敗騎劫，光復齊國失土。燕惠王擔心趙國用樂毅為將趁機入侵，派使者去對樂毅「下功夫」，樂毅回報這封書信，表明心跡（不曾說難聽話，自然也不會對不起燕國）。

歷久彌新說名句

三國諸葛亮「自比管樂」，也就是他心目中的師法對象是管仲和樂毅——既要輔佐君王富國強兵，還要領軍興漢滅曹（燕昭王是雪恥復仇，不是侵略之師）。所幸劉禪（阿斗）不如燕惠王，沒想過換掉諸葛亮，否則諸葛亮也將陷入樂毅的困境。

當時蜀漢有一將領孟達兵敗投降曹魏，致書後王（劉阿斗）也用了「君子交絕不出惡聲」的名句。但比喻不倫了！

名句可以這樣用

樂毅說是「不出惡聲」，其實是「罵人不用髒字」。他說自己「數奉教於君子」，燕昭王當然是曾經賞識樂毅的「君子」之一，言下之意，燕惠王就「不夠君子」了。

廉頗老矣，尚能飯否？

名句的誕生

趙王使使者[1]視廉頗[2]尚可用否。（……）廉頗為之一飯斗米，肉十斤，被甲上馬，以示尚可用。

〈廉頗藺相如列傳〉

完全讀懂名句

1. 使使者：派遣使者。第一個「使」是動詞。
2. 廉頗：人名，戰國趙人，為趙國名將，屢敗齊、魏等國。長平之戰時，堅壁自守，秦兵畏懼。但後來趙王受秦反間計，以趙括替換之，趙國大敗。官拜上卿，與藺相如為刎頸之交。

趙王派使者去觀察廉頗還能不能用（擔任大將），廉頗在使者面前大力表現：一餐飯吃一斗米、十斤肉，穿上甲冑，跨上馬鞍，顯示他還很「好用」。

名句的故事

藺相如「完璧歸趙」、廉頗「負荊請罪」，兩人「將相和」壯大趙國的故事此處不贅。後來趙惠文王去世，孝成王繼位，以趙括代替廉頗，被秦軍在長平坑殺四十萬大軍，於是再起用廉頗。可是孝成王死後，悼襄王又換掉了廉頗，廉頗投奔魏國。廉頗在魏國不受重用，而趙國數度被秦兵擊敗，悼襄王又想到了廉頗，廉頗也有意回趙國服務，於是有了上述這一幕演出。

可是，那位使者受了廉頗仇人郭開的賄賂，因而回報趙王：「廉將軍雖老，食量還很大。但是他與我坐談之時，短時間內上了三次廁所。」趙王認為廉頗老了（攝護腺肥大、頻尿為老人常見疾病），就沒有再起用廉頗。

歷久彌新說名句

這個典故被用在南宋愛國詩人辛棄疾的詞〈永遇樂．千古江山〉：「憑誰問，廉頗老矣，尚能飯否？」流傳成為此名句。

辛棄疾一生以抗金報國自任，官當得不小，可是理想不能實現，遂將滿腹孤忠傾洩在他的《稼軒詞》文句當中。這首〈永遇樂〉寫於他五十六歲那年，心情和廉頗當年近似，仍有馳騁沙場的壯志。然而在南宋君臣瀰漫著偏安主流思想的環境當中，辛棄疾的處境也和廉頗一樣——還有誰來問「廉頗尚能飯否」嗎？

名句可以這樣用

人是鐵，飯是鋼，食量大意味著還能負擔重任。對照三國司馬懿說孔明「食少事煩，其能久乎」，可知諸葛亮身體狀況已不行。

曹操橫槊賦詩：「老驥伏櫪，志在千里；烈士暮年，壯心不已」，也顯示了他的雄心與不服老。同時，曹操不需別人來問，他自己是老闆。所以，「尚能飯否」與「老驥伏櫪」的用法是不同的。

靜如處子，動如脫兔

名句的誕生

太史公曰：兵以正合，以奇勝。善之者，出奇無窮。奇正還相生，如環之無端[1]。夫始如處女，適[2]人開戶；後如脫兔，適不及距[3]。其田單之謂邪！

〈田單列傳〉

完全讀懂名句

1. 無端：沒有起點和終點。
2. 適：此處讀作ㄉㄧˊ，dí，同「敵」。
3. 距：抗、違，通「拒」。

司馬遷（評論田單復齊）說：打仗時以正兵面對敵人，以奇兵制勝。擅長用此道的人就得有靈活戰術，奇計無窮。而且奇正相生（互變）如同環環相扣，不知自何而始，至何而終。所謂開始時像處女（般柔弱），敵人輕視而開門（不防備）；後來像奔出地穴的兔子，速度快得敵人來不及抵拒。這就是田單的寫照吧！

名句的故事

田單先以反間計讓燕王換掉了大將，然後私下放話：「我最擔心燕軍將俘虜的齊兵割去鼻子（劓），再讓他們列於陣前，我方軍心恐懼，必敗。」又放話：「我擔心燕人挖開城外的墳墓，毀損先人骸骨，我方軍民寒心，必敗。」燕軍大將騎劫中了計，果真照做，結果即墨城內軍民個個悲憤交集，都想和燕軍拚死一戰。

田單又收集城內財物，叫富豪人家送去給騎劫，說：「即墨即將投降，請不要擄掠我們的家室。」燕軍大喜，因而鬆懈了防備。

然後田單發動夜間奇襲，以火牛陣打衝鋒，擊潰燕軍，騎劫陣亡，田單光復了齊國領土。司馬遷因而稱讚田單：「始如處女（示弱），後如脫兔（奇襲）。」

歷久彌新說名句

唐朝安史之亂，原本政府軍處於挨打地位。史思明攻打太原，守將李光弼先派人詐降，約定出降日期（緩兵之計），同時派人自城中挖地道通往敵營，以木頭撐住挖空的敵營。

約定時間到了，派次級軍官率數千人出降，史思明軍隊都放鬆心情觀看。突然間，營區土地下陷，數千人墜落大坑中，一片驚亂，唐軍趁機鼓譟攻擊，斬首與俘虜數以萬計。自此一役，扭轉了整個形勢，唐軍由被動轉為主動。

名句可以這樣用

「靜如處子，動如脫兔」，此句不但可在軍事上應用，商戰與運動競技場上都用得上。重點在部隊訓練有素、號令齊一，才能採行驕敵之計（否則己方軍心先亂），如此才能後發先至，攻敵不備。

忠臣不事二君

名句的誕生

王蠋[1]：「忠臣不事二君，貞女不更二夫。齊王不聽吾諫，故退而耕於野[2]。國既破亡，吾不能存；今又劫之以兵為君將，是助桀為暴也。與其生而無義，固不如烹！」遂經[3]其頸於樹枝，自奮絕脰[4]而死。

〈田單列傳〉

完全讀懂名句

1. 王蠋：人名。
2. 野：鄉野，郊外。
3. 經：縊、上吊。
4. 脰：讀作ㄉㄡˋ，dòu，指脖子，頸部。

王蠋說：「忠臣不事奉二位國君，貞節女性不換第二位丈夫。齊王不聽我的勸諫，所以我才辭官到鄉間種田。國家既然殘破將亡，我活著已經很沒面子，如今又用武力要逼我當你的將領，我就成了助桀為暴。與其不義活著，還不如死了吧！」於是將自己的脖子繫在樹枝上，自己用力扭斷脖子而死。

名句的故事

燕軍攻入齊國，樂毅聽說齊國有位賢士王蠋住在晝邑，下令：「晝邑周圍三十里不准侵犯。」然後派人去敦請王蠋擔任將領，王蠋不答應，樂毅的使者威脅他：「你如果不服從，我就帶兵屠殺晝邑。」於是王蠋做了上述表白之後自殺。

齊國逃散各地的大夫聽到這個消息，說：「王蠋是個布衣（貴族辭官後成為庶民），都還如此盡忠，何況我們這些在位享受俸祿的人！」於是紛紛往莒城集中，並共推齊襄王繼位，鞏固領導中心，號召抵抗燕軍。

歷久彌新說名句

「樂毅有意自立為齊王」，在田單而言是反間計，但樂毅本身有沒有這個念頭？看他如此刻意攏絡王蠋的做法，未必沒有。

齊緡王是個不知天高地厚的國君，自以為了不起，孟嘗君一度離開齊國到秦國當宰相，而緡王更一度稱「齊帝」。如果齊國是內亂弒君，王蠋未必會盡忠死節，可是面對外患，這種忠臣就經常出現。

話說回來，若非王蠋的忠烈行為，感動了齊國大夫，樂毅很可能順利組成一個漢（齊）奸政府，齊國就難以翻身了。

名句可以這樣用

時至今日民主時代，忠臣不事「二君」當然已經過時，誰有能力讓老百姓過好日子，誰就能得人心、得天下。但是，萬一異族入侵，民族主義必然發酵，不事「二國」的孤臣孽子必不在少。至於「貞女不更二夫」，現代就不必再提了。

魯仲連排難解紛

名句的誕生

魯連[1]笑曰：「所貴於天下之士者，為人排患釋難解紛亂而無取也。即有取者，是商賈[2]之事也，而連不忍為也。」遂辭平原君[3]而去，終身不復見。

〈魯仲連鄒陽列傳〉

完全讀懂名句

1. 魯連：魯仲連，戰國時齊人，曾遊於趙，為趙國解除危難。喜歡為人排難解紛，不肯仕宦任職。後稱替人排難解紛的人為「魯仲連」。
2. 商賈：商人。
3. 平原君：戰國趙武靈王的兒子，名勝，封於平原，所以稱「平原君」。喜賓客，食客多至數千人。戰國當時有名的四公子之一。

魯仲連笑著說：「做為一個『天下士』，最可貴的，就是為他人排除患難、解開紛爭，而不取酬勞。如果收了酬勞，那就是商人的行為，不是我魯仲連的作風。」於是辭別平原君離去，終身不再相見。

名句的故事

秦軍包圍趙國首都邯鄲，諸侯不敢相救，魏王派大將晉鄙領兵前往趙國，大軍駐在邊界不前進，卻私下派說客新垣衍透過平原君晉見趙王，建議趙王尊秦王為「帝」，以交換秦軍撤兵。

齊國游士魯仲連往見平原君，要求與新垣衍面對面辯論，兩人一番舌戰之後，新垣衍認輸，決定不再提「尊秦王為帝」這檔事。秦軍將領聽說消息，為此退兵五十里（觀望發展）。不久，信陵君偷了魏王虎符，殺晉鄙，領魏軍救邯鄲，秦軍因而撤退。

平原君要封（給予封地食邑）魯仲連，魯仲連三次堅辭不受。平原君乃擺酒席宴請魯仲連，酒酣耳熱，起身致贈千金，祝賀魯仲連「長命百歲」。魯仲連笑著做上述表白後辭去。

歷久彌新說名句

後來，田單攻擊燕軍，包圍聊城一年多，傷亡頗重卻攻不下，魯仲連寫了一封信，綁在箭上，射入城中。燕軍守將見信，哭泣三天，猶豫不決，因為魯仲連勸他放棄抵抗的理由無懈可擊，甚具說服力。可是這位守將的處境卻是，燕國回不去，因為燕王已不信任他（又是田單的反間計），投降齊國卻因殺戮過多怕人報仇，最後自殺。

田單想要封魯仲連爵位，魯仲連逃到海上，說：「我與其富貴而受人批評，寧願貧賤而嘯傲江湖。」

名句可以這樣用

我們現在稱調解人為「魯仲連」，或說「就讓我來當個魯仲連」表示願做中間人。但「魯仲連」的重點在於「無取」，若收取報酬，那就不是「魯仲連」，而是掮客了。

眾人皆醉我獨醒

名句的誕生

屈原曰：「舉世混濁而我獨清，眾人皆醉而我獨醒，是以見放[1]。」

〈屈原賈生列傳〉

完全讀懂名句

1. 見放：被放逐。「見」在此處表示被動。

屈原說：「滿朝文武一片混濁，只有我一個人是清澈的；所有的人都醉了，只有我一個人醒著。所以我才被放逐。」

名句的故事

屈原是楚懷王信任的大夫，其他大夫與他爭功，向楚王進讒：「屈原總是以為每件事都非他不可，而非君王英明。」懷王漸漸疏遠屈原，屈原就寫了一篇〈離騷〉，自訴滿腹牢騷，楚懷王乃派他出使齊國（圖個耳根清淨）。

後來楚懷王不聽屈原的勸諫，被秦王騙去秦國，扣留不放，死在秦國。屈原又寫文章，影射當權的令尹子蘭該負責任，結果被放逐到江南。

屈原又寫了一篇寓言式的文章〈漁父〉，以他和一位江上漁夫的對話，表明他不肯隨波逐流的心志。《史記》引用了其中一段故事，「眾人皆醉我獨醒」就在其中（其實這番對話很可能是屈原的創作，而非實事）。

由於屈原堅持獨醒於世，不肯隨波逐流，孤芳自賞卻又滿懷牢騷不得解，最後，他抱著大石跳汨羅江自殺。後來成為端午節划龍舟、包粽子的習俗由來。

歷久彌新說名句

宋朝名臣歐陽修也由於直言極諫觸犯了當權者二度被外放，而且輾轉六個州。他在第一次外放到滁州（安徽）時，寫了一篇〈醉翁亭記〉，其中有一名句「醉翁之意不在酒」（在乎山水之間）。他自號「醉翁」，縱情山水，和屈原的心境完全兩樣。

歐陽修另有一篇〈縱囚論〉，評論唐太宗時「放死刑犯回家，約定日期回來受刑」，是標新立異，違背常情以換取名譽。這也和屈原的作風不同。歐陽修由於心情豁達，不認為自己最優秀而貶抑他人，因而在首次外放之後，還能回到中央擔任「參知政事」（副宰相）。

名句可以這樣用

「舉世皆濁我獨清，眾人皆醉我獨醒」是一種自我期許。但若不欲埋沒才能，就不必老是掛在嘴上，徒然招惹「濁醉之輩」，樹敵太多是不會成功的。

以色事人者，色衰而愛弛

名句的誕生

不韋因使其姊說夫人[1]曰：「吾聞之，以色事[2]人者，色衰而愛弛[3]。今夫人事太子，甚愛而無子，不以此時蚤[4]自結於諸子中賢孝者，舉立以為適而子[5]之，夫在則重尊，夫百歲之後，所子者為王，終不失勢，此所謂一言而萬世之利也。不以繁華時樹本[6]，即色衰愛弛後，雖欲開一語，尚可得手？」

〈呂不韋列傳〉

完全讀懂名句

1. 夫人：指華陽夫人。秦昭王的次子安國君為太子，安國君立愛姬為正夫人，稱華陽夫人。
2. 事人：事奉人。
3. 色衰愛弛：指因姿色衰老而失去了寵愛。
4. 蚤：時間提前，通「早」。
5. 子：指養之為子。
6. 樹本：樹根，也指奠定根基。

呂不韋請華陽夫人的姊姊對夫人說：「我聽人說過，以美貌事奉人者，一旦美貌衰退（年華逝去），寵愛也就消失了。夫人現在得寵於太子，可是妳沒生兒子，何不趁此時預先結交諸公子當中有才德者，收養他為兒子並且向太子推薦立為嫡嗣子。這樣的話，丈夫在位時有雙重尊貴身分（皇后加上太子母親），丈夫死後，妳立的太子當上國君，妳總不會失去地位，這是可以獲得萬世之利（子子孫孫為王）

的一句話。如果不在繁花盛開之時厚植根本（以樹為喻），等到年華逝世、愛情褪色，即使想要講（枕邊）話，還有機會嗎？」

名句的故事

呂不韋是古今中外「政治投資」成功的第一名。他在邯鄲見到子楚（秦王庶孫在趙國當交換人質），認為是「奇貨可居」，於是說服了子楚，再到咸陽買通秦太子寵姬華陽夫人的姊姊，以上述一番話打動華陽夫人的心，華陽夫人說服丈夫安國君立子楚為嫡嗣。

安國君後來繼位為秦孝文王一年就過世，子楚成為莊襄王。而呂不韋送給子楚的姬妾，生下呂不韋的骨肉，成為秦國太子，就是後來的秦始皇，而呂不韋也「收成」了他的投資——成為秦國宰相，封文信侯，食邑十萬戶，權傾一時。

歷久彌新說名句

華陽夫人推薦子楚為太子嫡嗣，是「一言而萬世之利」，呂不韋也因華陽夫人姊姊這番話「一言而十萬戶之利」。

呂不韋眼光獨到、手腕高明，甚至後來治國有方。但是整個過程中最關鍵的一幕，就是這段說詞。

名句可以這樣用

現代的演藝人員其實也是「以色（藝）事人」，若不趁當紅時趕快賺足，一旦退流行，就沒搞頭了。所以，社會輿論不應太責怪藝人拚老命趕場作秀，要體會他（她）們「色衰而愛弛」的危機意識。

士爲知己者死，女爲悅己者容

名句的誕生

豫讓遁逃[1]山中，曰：「嗟乎！士為知己者死，女為悅己者容。今智伯[2]知我，我必為報讎[3]而死，以報智伯，則吾魂魄不愧矣！」

〈刺客列傳〉

完全讀懂名句

1. 遁逃：逃走。
2. 智伯：春秋時，晉國有六大家族爭奪政權，智伯為智氏的貴族。
3. 報讎：也作報仇，以行動來打擊仇敵。

豫讓逃到山中躲藏，說：「唉！士人為賞識自己的人獻出生命，女子為喜歡自己的人妝飾面容。智伯如此賞識我，我一定要為他報仇而死，以報答智伯的知遇之恩。那麼，我即使死了，魂魄也不會感到慚愧。」

名句的故事

春秋末期，晉國由六個大家族瓜分權柄，相互攻伐。其中智氏最強，先後滅了范氏和中行氏。等到智氏聯合韓、魏二家攻打趙氏，韓、魏起了戒心，反而和趙氏聯手滅了智氏。

豫讓先後服事范氏和中行氏，但都不得重用，改投智氏。智氏的族長智伯非常禮遇豫讓，所以豫讓決心為智伯報仇。他的首要目標是趙襄子，因為趙襄子將智伯的頭顱漆成酒器。

豫讓隱姓埋名進入趙襄子宮中洗廁所，暗中挾帶匕首等待機會。趙襄子上廁所時「心動」（感覺不對），就抓洗廁所的人來查問，果然身上藏了匕首。問明理由之後，認為他是一位義氣之士，就放了他。

豫讓不死心，漆身（皮膚因而潰爛）吞炭（聲帶破壞變沙啞），埋伏在橋下。趙襄子到了橋邊，馬發出驚嘶，豫讓被發現。趙襄子問他：「你不是曾經為范氏和中行氏服務嗎？你為什麼不為他們報仇（仇人是智伯），而獨為智伯報仇呢？」豫讓說：「范氏和中行氏以普通人對待我，我以普通人標準回報；智伯以國士禮遇我，我以國士標準回報他。」終於，趙襄子拿自己的衣服給他，豫讓刺了三劍（以示報仇）以後，自刎而死。

歷久彌新說名句

《史記》中除了〈刺客列傳〉記載的五人（曹沫、專諸、豫讓、聶政、荊軻）之外，還有好幾位因為報答知遇之恩而自殺的例子，如侯嬴、田光。那個時代的士人重信義、重榮譽而輕生命，是當時的普世價值。而如管仲那種「不羞小節，而恥功名不顯於天下」的人，反而是少數。

名句可以這樣用

雖然時代變了，「士為知己者死」已經很少見，但是「女為悅己者容」卻千古不變，化妝品市場永遠不滅。

風蕭蕭兮易水寒

名句的誕生

高漸離[1]擊筑，荊軻[2]和而歌，為變徵[3]之聲，士皆垂淚涕泣。又前而為歌曰：「風蕭蕭兮易水[4]寒，壯士一去兮不復還！」復為羽[5]聲慷慨，士皆瞋目[6]，髮盡上指冠。於是荊軻就車而去，終已不顧。

〈刺客列傳〉

完全讀懂名句

1. 高漸離：人名，戰國時燕國的樂師。
2. 荊軻：人名，字公叔，戰國時衛人。燕王喜二十八年，帶著藏有匕首的地圖和秦將樊於期的首級到秦國，欲刺殺秦王，結果事敗被殺。
3. 變徵：古代音調分為宮、商、角、徵、羽，以及變徵、變羽。變徵是高亢而悲壯的調子。
4. 易水：河川名，源於河北省易縣境。
5. 羽：古代五音之一。
6. 瞋目：瞪大眼睛怒視的樣子。

（燕太子丹送別荊軻到了易水之畔）高漸離彈奏筑與荊軻唱歌相和，調子是「變徵」，在場人士個個垂淚涕泣。然後荊軻唱出：「風蕭蕭兮易水寒，壯士一去兮不復還。」調子轉為慷慨激昂的「羽」調，在場人士聽了，個個眼光噴出怒火，頭髮上豎頂起了帽子。荊軻在這種氣氛之下上車出發，頭都不回。

名句的故事

燕國太子丹禮遇荊軻，奉為上卿，住最上等房舍，每天都去拜訪，供應太牢（祭祀用最高等食物）、車騎、美女——滿足所有物質與虛榮慾望，為的是要他去刺殺秦始皇。

荊軻遲遲不動身，秦兵已經消滅趙國，大軍逼近燕國南方邊界。樊於期的人頭、徐夫人的匕首都已準備妥當，可是荊軻仍然在等待一位朋友（武林高手？）。最後在時間急迫的壓力之下，荊軻不得不用秦舞陽為副手，而最終秦舞陽臨場膽怯，荊軻任務失敗。

前述場景就是燕太子丹為荊軻送行，荊軻心裡明白此行有去無回，但仍義無反顧，所以曲調由哀傷轉為悲壯。

歷久彌新說名句

南宋抗金名將岳飛那闕最有名的〈滿江紅〉前三句：「怒髮衝冠，憑欄處，瀟瀟雨歇。」就是用了這個故事場景，「風蕭蕭」和「雨瀟瀟」一樣的蕭瑟悲涼。

司馬遷的文學筆法真是太傳神了，描繪「項羽為虞姬歌」、「劉邦大風歌」與本文荊軻之歌，都令人歷歷在目，如親臨現場。

名句可以這樣用

「風蕭蕭兮易水寒」的用法，悲壯多於悲哀，如果只是送別，千萬別用這一句，否則非但不倫不類，小心一語成讖！

天雨粟，馬生角

名句的誕生

太史公曰：世言荊軻，其稱太子丹之命，「天雨[1]粟[2]，馬生角」也太過[3]。

〈刺客列傳〉

完全讀懂名句

1. 雨：落下，降下。
2. 粟：指所有的穀實。
3. 過：誇張。

司馬遷（評論刺客列傳）說：世間流傳荊軻的故事，有關太子丹「天上落下穀雨，馬頭生出角來」的部分，稍嫌過度了。

名句的故事

燕太子丹小時候很「苦命」，先被送去趙國當交換人質，在那裡認識了秦王政（呂不韋送給子楚的姬妾所生），「兩小」當年交情還很不錯。後來嬴政當上了秦王，燕丹又被送去秦國當人質，秦王卻對這位幼時玩伴很不好。

燕丹請求歸國，嬴政對他說：「除非烏頭白（烏鴉的頭變白）、馬生角，才准許你回燕國。」燕丹後來是偷偷逃回去的。

所以，太子丹對秦王的恨意，除了國家安全的考量，還有私人因素摻雜在內，甚至私怨超過了國家利益。

歷久彌新說名句

漢武帝時，蘇武出使匈奴，隨行副使捲入匈奴的宮廷政變陰謀。蘇武知道事態嚴重難以善了，為顧及國家顏面，自殺被救回。

匈奴單于敬佩蘇武的氣節，希望他投降，可是蘇武寧死不屈，各種威脅利誘都沒用。後來變成單于和蘇武鬥氣，單于把蘇武流放到北海（貝加爾湖）之濱牧羊，並說：「羝乳（公羊生小羊）乃得歸。」

蘇武後來還是回到了中原，故事此處不贅述。而公羊生小羊的意思，和「烏頭白，馬生角」的意思一樣——不可能。

至於「天雨粟」，古書中有很多傳說式的記載。《周書》說：「神農時，天雨粟，神農遂耕而種之。」這是上天降下種子給人類。另外，相傳倉頡造字時「天雨粟，鬼夜哭」，意味著文字的發明，人類文明將有突破性的大進步，連上天都慌亂，神鬼都害怕。總之，都有「異象與奇蹟」的意思。

名句可以這樣用

清朝詩人顧貞觀作詩，寄給因冤獄而流放寧古塔（黑龍江）的朋友吳兆騫，其中有一句「盼烏頭馬角總相救」，意謂無論希望多麼渺茫，總是還要想辦法相救。

泰山不讓土壤，河海不擇細流

名句的誕生

臣聞地廣者粟[1]多，國大者人眾，兵彊[2]則士勇。是以太山[3]不讓土壤，故能成其大；河海不擇細流，故能就其深；王者不卻[4]眾庶[5]，故能明其德。

〈李斯列傳〉

完全讀懂名句

1. 粟：穀實的總稱。
2. 彊：同「強」。
3. 太山：山名，也就是泰山，位於山東泰安縣北。
4. 卻：推辭，排拒。
5. 眾庶：指百姓、人民。

我聽（先賢）說過：土地廣大糧食自然就多，國家大人口自然就眾，兵力強士兵自然就勇敢。所以，泰山不推辭土壤而能成為大山，河海不挑剔小溪流而得以深廣，稱王天下者不排斥平民大眾而能彰顯他的德行。

名句的故事

秦國日漸強大，韓國愈感威脅，在兵力不及的情況下，韓桓王採納了「疲秦」的策略：派出一位水利工程師名叫「鄭國」，去秦國獻策，主張大興工程修築渠道，認為這樣可以消耗秦國財力與人力。

剛即位的秦王政（秦始皇）接納了「鄭國」

的建議，修建完成「鄭國渠」，這也是造就關中地區沃野千里的民生建設，成為秦始皇與漢高祖先後統一全國的根據地。

但是鄭國這項「陰謀」被揭發，秦國貴族藉題發揮，要求秦王清理外國間諜，於是秦王下了一道「逐客令」。李斯也在被逐名單之列，他就上了一篇〈諫逐客書〉，說明秦國之能夠強盛壯大，是由於自秦穆公以來，歷代明君任用外國人才的效果。

這篇文章扭轉了秦王的心意，收回「逐客令」，重用李斯。文章中最有名、且點出通篇主旨的名句，就是「泰山不讓土壤，河海不擇細流」。

歷久彌新說名句

李斯的「聽說」，出自《管子》：「海不辭水，故能成其大，山不辭土石，故能成其高。」這也是管仲的名言。春秋初期還是貴族政治，社會階級嚴格，管仲開始將階級扁平化，士農工商形成專業分工，齊國因而強大。

閩南諺語有「海龍王無辭水」，也是提醒「欲成就大事業，要開闊心胸」的意思。

名句可以這樣用

這兩句可以分開用，不把人才（資源）向外推，就用「泰山不讓土壤，故能成其大（高）」；不排斥各方面人才，就用「河海不擇細流，故能就其深（大）」。

制人而不制於人

名句的誕生

趙高[1]曰：「不然。方今天下之權，存亡在子[2]與高及丞相耳，願子圖[3]之。且夫臣人與見[4]臣於人，制人與見制於人，豈可同日道[5]哉！」

〈李斯列傳〉

完全讀懂名句

1. 趙高：秦時宦官。秦始皇崩，趙高偽造遺詔，賜死太子扶蘇，立胡亥為二世，殺害李斯，自為丞相。後又弒二世，立子嬰，最後為子嬰所誅。
2. 子：你。
3. 圖：策劃，謀取。
4. 見：表示被動。
5. 同日道：相提並論的意思。

趙高（對公子胡亥）說：「不是這樣的。如今天下大權誰屬，成敗的機會就在你、我和丞相（李斯）三人手中，希望你好好把握。況且，讓別人（指扶蘇）向自己稱臣，相對於自己向別人稱臣；控制別人與受別人控制，其中差別豈可同日而語？」

名句的故事

秦始皇巡行天下，到了沙丘，病重將死。命令趙高寫一封詔書，給正在北方抵禦匈奴的長子扶蘇，要扶蘇將軍隊交給蒙恬，回咸陽主持葬禮——這封信等於指定繼承權。

信還沒發出，秦始皇就駕崩了，遺命和印璽都在趙高手上，趙高乃鼓動胡亥搶皇帝寶座。胡亥原本還顧及老爸遺命，可是經過趙高上述分析，再提醒「顧小而忘大，後必有害；狐疑猶豫，後必有悔」的道理，胡亥終於點頭。

李斯與趙高「祕不發喪」，回到咸陽，假傳秦始皇聖旨，立胡亥為太子，再傳旨到北方，逼長子扶蘇自殺，然後才發布秦始皇死訊，胡亥繼位為秦二世。

歷久彌新說名句

秦始皇因為在民間撿到一塊殞石，上面刻字「亡秦者胡也」，於是派長子扶蘇、大將蒙恬（毛筆發明人）到北方修築長城抵禦胡人（匈奴）。卻沒算到，他一手建立的大帝國不是亡於匈奴的「胡」，而是毀在「胡」亥的暴政手上。

前蘇聯共產政權在獨裁者逝世時，經常上演「克里姆林宮氣氛異常」，然後隔一段時間，克宮鐘聲響起，宣布死訊，同時新的獨裁者出現，就是本故事的「莫斯科版本」。

名句可以這樣用

對照「先發制人，後發制於人」一句，道理是一樣的。只不過，項梁當時時機急迫，稍有猶豫則機會一閃即逝，所以得立下殺手。趙高與胡亥則情勢仍在掌握中（天下之權在手），沒有急迫到必須立即發動政變。應用上，「先發制人」強調立即動手，「制人而不制於人」強調斷然決定，決定了則可以按部就班來做。

史記100

有非常之人，然後有非常之事

——列傳

蕭何追韓信

名句的誕生

何聞信亡[1]，不及以聞[2]，自追之。人有言上曰：「丞相何亡。」上大怒，如失左右手。（……）上復罵曰：「諸將亡者以十數，公無所追；追信，詐也。」

〈淮陰侯列傳〉

完全讀懂名句

1. 亡：逃亡。
2. 聞：傳達。

蕭何聽說韓信逃亡，來不及（向劉邦）報告，自己趕緊去追趕。有人報告劉邦：「丞相蕭何逃亡。」劉邦大怒，感覺如同失去了左右手。（蕭何回來，劉邦劈頭大罵，蕭何說明是去追韓信）劉邦再罵：「那麼多將領跑了，你都不追，偏只追韓信一個，分明是騙我。」

名句的故事

項羽將劉邦封為漢王，劉邦忍氣吞聲率軍前往漢中，一路上有很多將領逃跑。

韓信原本是項梁部下，項梁、項羽皆未重用，他投靠劉邦，也不受重用，還差點受他人牽連要被斬首。只有蕭何慧眼識英雄，所以一聽說韓信跑了，急忙去追，深恐追不到。

蕭何追回韓信以後，說服劉邦：「如果只想要長居漢中，那就罷了；如果有心爭天下，就要拜韓信為大將。」

於是劉邦拜韓信為大將，韓信獻計「明修棧道，暗渡陳倉」，一舉攻下關中，取得和項羽對決的根據地。（漢中與巴蜀封閉地形，只宜割據，不宜進取；關中則進可攻，退可守。）

歷久彌新說名句

宋朝李綱為相，賞識宗澤，宗澤賞識岳飛，後來才穩住了南宋半壁江山，甚至差一點直搗黃龍。但後來岳飛被秦檜害死，罪名是「莫須有」，因為他的兵權太大。

明朝張居正為相，賞識戚繼光，先驅逐倭寇，再鎮守河北、遼東抵禦女真族（清）。但張居正死後，兩人都被構陷：「雖無謀反證據，但有謀反能力。」張居正被褫奪封號，戚繼光被罷黜。

韓信因蕭何賞識而重用，後來也是因為「有謀反能力」而被殺。

名句可以這樣用

人才是國之寶，但賞識人才的眼光更珍貴。蕭何追韓信是他發覺韓信有大將之才，且不甘雌伏。然而，即使沒有韓信，蕭何也會發掘出人才推薦給劉邦。

人才要辭職的理由很多，能夠勸老闆挽留人才、重用人才，那就是「蕭何追韓信」。事實上，「韓信」已經難得，「蕭何」更少。

置之死地而後生

名句的誕生

信曰：「此在兵法，顧諸君不察耳。兵法不曰『陷之死地而後生，置之亡地而後存』？且信非得素拊循[1]士大夫[2]也，此所謂驅市人[3]而戰之，其勢非置之死地，使人人自為戰；今予之生地，皆走，寧尚可得而用之乎？」

〈淮陰侯列傳〉

完全讀懂名句

1. 拊循：慰撫。
2. 士大夫：指軍中的將士。
3. 市人：市民。

韓信（對諸將）說：「這在兵法中就有，只不過各位沒想到罷了。兵法上不是說『將軍隊放到最危險的地方，就（拚命）得以生存』嗎？而且，我眼下帶領的部隊並非久經訓練的戰士，這正是所謂的『驅使普通老百姓去打仗』，非得置之死地才能讓他們個個拚命，如果給他們有逃生之路，早就跑光了。哪還能用來打仗呢？」

名句的故事

韓信領兵攻擊趙王（趙歇），對方號稱二十萬大軍。韓信先派出二千輕騎兵，埋伏在山林中。再派出一萬軍隊背水結陣，趙軍看見都大笑，因為這是一個退無可退的「絕陣」。

韓信主力與趙軍主力大戰一陣之後，假裝敗

退，進入背水陣壘。趙軍於是傾巢而出搶奪韓信敗退時丟棄在戰場上的軍旗、戰鼓（可以拿來報功勞）。

背水一戰的韓信軍隊個個殊死抵抗，趙軍攻不下來，而韓信預先埋伏的輕騎兵趁虛而入趙軍營壘，拔去趙軍旗幟，插上漢軍紅旗。趙軍一時攻不下韓信，準備退回整軍再戰，卻只見大本營盡皆紅旗，剎時軍心大亂，四散奔逃，韓信大勝。

收拾戰果之後，諸將問韓信：「為何不依照兵法，在山前水後結陣，反其道而行，卻能大勝？」韓信就做了前述的解釋。

歷久彌新說名句

《三國演義》諸葛亮派馬謖去守街亭，吩咐他「依山傍水」結陣，馬謖不聽，反而在山上結陣，還說這是仿效韓信「置之死地而後生」，結果被司馬懿切斷水源，大敗而回。諸葛亮不得不「揮淚斬馬謖」。

名句可以這樣用

原句的意思是為了「求生」而拚命，但若是陰謀害人，必欲「置之死地」，就是完全不同的意思了。

敗軍之將不可言勇

名句的誕生

廣武君[1]辭謝曰：「臣聞敗軍之將，不可以言勇；亡國之大夫，不可以圖[2]存。今臣敗亡之虜，何足以權[3]大事乎？」

〈淮陰侯列傳〉

完全讀懂名句

1. 廣武君：李左車，趙國名將，為趙國立下了戰功。
2. 圖：考慮，謀求。
3. 權：衡量。

廣武君李左車（向韓信）推辭說：「我聽人說過，打敗仗的將軍沒有資格談軍事；亡國的大夫沒有條件企求活命。此刻我是敗亡的俘虜，哪有資格跟您共商大計呢？」

名句的故事

韓信往攻趙王歇之前，李左車建議趙軍在井陘（太行山的隘道）設下伏兵，但是趙軍主帥成安君陳餘是個讀死書的貨色，認為「義兵不用詐謀奇計」，所以不採納李左車的計謀。

韓信擊敗趙軍後，下令不准傷害李左車，誰能送來活著的李左車，賞他千金（二千斤黃銅）。終於，有人將李左車綁來獻給韓信，韓信親自為他解開繩索，請李左車坐在西面，自己坐東面——也就是以對老師的禮節相待。

韓信向李左車請教「北攻燕，東伐齊」的戰

略，李左車推辭「敗軍之將不可言勇」。韓信說：「如果成安君早先肯用你的計策，我早就被你打垮了。」盛情難卻，李左車建議韓信不要用已經疲累的軍隊再去征伐，先做好戰地政務，讓趙國人心歸服，再派說客去游說燕、齊，如此則「天下事可圖也」。韓信完全採納他的意見，果然燕國很快就「西瓜偎大邊」了。

也只有羅貫中（《三國演義》作者）這種天才，能引用典故卻做出截然不同的引申，還能用得如此貼合，完全沒有牽強之感。

名句可以這樣用

今天我們用「敗軍之將不可言勇」，較少是敗者自謙之語，而多半是批評「敗軍之將」仍誇誇大言。

歷久彌新說名句

《三國演義》晉帝司馬炎派鍾會、鄧艾攻打蜀漢（諸葛亮已死，劉阿斗不成器），有人提醒司馬炎：「如果鍾會攻下蜀國以後，自立為蜀王怎麼辦？」

司馬炎說：「敗軍之將不可以言勇，亡國之大夫不可以圖存。如果蜀國敗亡了，那一批貨色又怎麼能協助鍾會反抗我晉國大軍？」後來果然鍾會滅了蜀以後想自立為主，可是仍被晉軍消滅。

智者千慮，必有一失；愚者千慮，必有一得

名句的誕生

廣武君[1]曰：「臣聞智者千慮[2]，必有一失；愚者千慮，必有一得。故曰：『狂夫[3]之言，聖人擇焉。』顧恐臣計未必足用，願效愚忠。」

〈淮陰侯列傳〉

完全讀懂名句

1. 廣武君：李左車，趙國名將，為趙國立下了戰功。
2. 慮：思考，謀算。
3. 狂夫：指狂放無知的人。

廣武君（李左車）說：「我曾聽說過：聰明人哪怕考慮一千次，也難免會有一次失誤；愚笨的人若考慮一千遍，也會有一遍值得採納。所以說，即使是一個狂人的言語，聖人也會選擇採用。我原本擔心我的獻策未必能及您（韓信）的標準（所以不敢輕率建言），如今我願意對你付出我的愚忠。」

名句的故事

「敗軍之將不可言勇」一章提到韓信禮遇李左車，韓信說：「從前，百里奚擔任虞國大夫，但是虞國滅亡了；之後百里奚到了秦國，秦國卻因他而稱霸。並不是他在虞國時很愚蠢，到了秦國卻突然變得有智慧，完全是因為領袖能不能用、聽不聽建言的緣故。」

韓信誠意十足，李左車仍維持低姿態，順著

韓信的「智與愚」說法，表達他願意效忠，同時點醒韓信不要因為一次大勝利（以號稱數萬、實則數千的兵力擊潰二十萬趙軍，詳見「置之死地而後生」）而得意忘形，要顧及「智者千慮，必有一失」。

名句可以這樣用

「智者千慮，必有一失」提醒我們不可自恃聰明；「愚者千慮，必有一得」的近似用句，則是「不以人廢言」。

歷久彌新說名句

《三國演義》劉備取西川，張飛擔任先鋒大將，遇到鎮守巴郡的老將嚴顏數攻不下，後來用計生擒嚴顏。張飛一如韓信對李左車的作法，親自為嚴顏解開綁縛，為他穿衣，扶他上座，自己低頭拜請指點。嚴顏為之感動，襄助張飛一路順利推進。

張飛的形象是「粗、猛」，但也經常粗中有細，偶出奇計。而化敵對為助力，誠為這位猛將最了不起的一幕。

韓信將兵，多多益善

名句的誕生

上問曰：「如我能將[2]幾何[1]？」信曰：「陛下不過能將十萬。」上曰：「於君何如？」曰：「臣多多而益善耳。」

〈淮陰侯列傳〉

完全讀懂名句

1. 將：率領。
2. 幾何：多少。

皇帝（劉邦）問：「以我的能力，可以指揮多少軍隊？」韓信說：「陛下只不過能指揮十萬大軍。」劉邦問：「那你自己呢？」韓信說：「我嘛，愈多愈好！」

名句的故事

劉邦得天下之後，先將韓信由齊王改封楚王，再褫奪楚王改封淮陰侯（事見「狡兔死，走狗烹」），韓信因此稱病不朝。劉邦多次與韓信聊天談起諸將的能力，韓信評論諸將的標準是「能指揮多少軍隊」，於是有上述對話。

劉邦聽了韓信的回答，心中當然不服氣，就說：「你既然能力那麼強，為何臣服於我？」韓信說：「那是因為陛下雖不善於帶兵，可是善於統御將領。這是天賦才能（領導氣質），不是後天努力可及的。」

歷久彌新說名句

韓信的回答，字面上解讀是自認不及，可是骨子裡實有「我只是運氣（天命）不好而已」的意味。能力既強，心又不服，劉邦怎麼能放心讓他活著？（再體會一次「養虎自遺患」。）

明朝的張居正權傾一時，在位時重用戚繼光，先在南方剿倭寇，再調北方守薊門（山海關）。張居正死後，反張派系發動反撲，牽連到戚繼光。他們向皇帝陳訴的理由居然是：「張居正和戚繼光雖無謀反證據，但有謀反實力。」

這和韓信被誅的理由完全一樣，同時也是南宋岳飛被殺的理由「莫須有」，也就是「不須要理由」——誰教你那麼強？

功高震主仍能持盈保泰的例子很少，唐朝中興名將郭子儀是一位，那得靠皇帝和大將之間的互信和相忍。

名句可以這樣用

「多多善益」只是一個形容詞，而「韓信將兵，多多益善」就有濃厚的自負成分。如果老闆懂得這句名言典故，又兼氣量狹窄，千萬別輕易出口！

秦失其鹿，天下共逐之

名句的誕生

對曰：「秦之綱絕而維弛，山東大擾，異姓並起，英俊烏集。秦失其鹿[1]，天下共逐之，於是高材疾足[2]者先得焉。蹠[3]之狗吠堯，堯非不仁，狗因吠非其主。當是時，臣唯獨知韓信，非知陛下也。且天下銳精持鋒欲為陛下所為者甚眾，顧力不能耳，又可盡烹之邪？」

〈淮陰侯列傳〉

完全讀懂名句

1. 鹿：比喻帝位。
2. 高材疾足：身材高，腳步快，比喻才智高超，辦事快捷。
3. 蹠：相傳是古代的大盜，生性暴虐，橫行天下。也作「盜蹠」或「盜跖」。蹠，讀作ㄓˊ，zhí。

（蒯通）回答劉邦：「當初秦帝國失去了控制，綱紀大亂，太行山以東地區各路人馬紛紛起義，英雄俊傑如烏鴉般群集。好比秦國的鹿走失，天下人群起追逐，而身材高、腳步快的人先一步得手。又好比盜跖的狗對著帝堯吠叫，並非堯是壞人，而是狗對著生人吠叫——那個時候，我只知道有韓信，不知道有陛下您呀！更何況，全天下拿起兵器想要從事與陛下相同作為（爭天下）的人那麼多，又怎麼可能通通烹殺盡呢？」

名句的故事

蒯通本名蒯徹，是齊地（山東）游說之士。他在韓信封為齊王之時，前往游說韓信，並詭稱精於相術，他對韓信說：「相君之面貴當封侯，相君之背貴不可言。」

從來只聽說看面相，沒聽說看「背相」，蒯通的意思再明顯不過——臣服劉邦最多不過封侯，「背」叛劉邦自立為王則可以和項羽、劉邦鼎足而三，有機會得天下。

韓信被誅之前，說了一句「恨不用蒯通計」，因而劉邦下令烹殺蒯通，蒯通喊冤，並作以上陳述，劉邦就釋放了蒯通。

歷久彌新說名句

韓信其實無意造反，劉邦卻殺了他；蒯通的確建議過韓信造反，劉邦卻饒了他。為什麼？理由很簡單：韓信有造反實力，蒯通則無力造反。劉邦畢竟是開國君主，不致於濫殺人才，而蒯通在日後也為安定劉姓皇室，與李左車一同為「誅呂安劉」立下大功。

名句可以這樣用

原句毋須多做說明。故事中「跖犬吠堯」成語，意指「人各為其主」，不應將對手陣營一網打盡、株連太廣，應用也很普遍。

拿唐太宗為例，凌煙閣二十四位開國功臣當中，有十二位曾是「敵人」，足以說明「欲成大業得有寬闊胸襟」。

期期以爲不可

名句的誕生

昌[1]為人吃[2]，又盛怒，曰：「臣口不能言，然臣期期[3]知其不可。陛下雖欲廢太子，臣期期不奉詔[4]。」

〈張丞相列傳〉

完全讀懂名句

1. 昌：周昌，沛人也。兄為周苛，秦時皆為泗水卒史。高祖起沛，擊破泗水守監，於是周昌、周苛自卒史從沛公。沛公立為漢王，以周苛為御史大夫，周昌為中尉。
2. 吃：口吃，說話結巴、言語表達困難的樣子。
3. 期期：因口吃而發出的氣聲，後用來形容人口吃發音困難、說話不流利。
4. 奉詔：奉承命令。

周昌平常講話有口吃的毛病，再加上盛怒之下情緒激動，說：「我的口才不好，但是我『期期』認為不可以；陛下若要廢太子，我『期期』不接受詔書（抗拒皇命）。」

名句的故事

周昌和他哥哥周苛都是劉邦自沛縣起兵時的「長征老幹部」。周苛在戰爭中被項羽俘虜，不屈，被烹殺，劉邦因而更尊重周昌。

有一次，周昌入宮奏事，劉邦正擁著戚姬，周昌見狀立即回身往外走。劉邦追上去，騎在周昌脖子上，問：「你說，我是一個怎樣的君主？」周昌仰起頭，說：「陛下是和桀紂一樣的君主（昏君）。」劉邦大笑。

這一幕，充分顯現君臣之間可以完全不拘禮數，劉邦拿周昌當老朋友，而周昌對劉邦可以直言頂撞而無性命之虞。而前述名句則是劉邦有意廢太子，群臣在朝廷上向皇帝力爭，周昌又一次直言頂撞。

呂后當時在大殿的東廂側耳偷聽，等到退朝，呂后跪謝周昌：「若非您老人家，太子幾乎就要被廢掉了。」

歷久彌新說名句

故事還沒完。

劉邦廢不掉太子，因而更擔憂戚姬的兒子劉如意（封為趙王）將來會被呂后報復，於是派周昌去當趙國宰相。

劉邦去世，呂太后當政，派使者召趙王入京，周昌以趙王身體不適推托，使者三度宣召都被周昌擋住。呂后乃宣召周昌赴京，當面罵他：「你明明曉得我怨恨戚姬，為何阻擋？」

周昌人在長安，呂太后再派使者宣召趙王，趙王只好到長安朝見呂后，一個多月後，「飲藥而死」（可疑！）。周昌因而稱病不朝，三年後去世。

名句可以這樣用

「期期」原本是形容口吃者情急之下發出的氣聲。但後人用「期期以為不可」，意謂「理由不多講了，總之是不同意」，有加強語氣的作用。例如報章社論就常用：「對ＸＸ政策，我們期期以為不可。」

馬上得天下，不可馬上治之

名句的誕生

陸生[1]時時前說稱詩書，高帝罵之曰：「迺公居馬上而得之，安事詩書！」陸生曰：「居馬上得之，寧可以馬上治之乎？（……）鄉使秦已并天下，行仁義，法先聖，陛下安得而有之？」高帝不懌[2]而有慙色[3]。

〈酈生陸賈列傳〉

完全讀懂名句

1. 陸生：指陸賈。秦末楚人，從漢高祖定天下，擅長口辯。曾出使南越，拜為太中大夫。
2. 不懌：不悅、不愉快的意思。懌，讀作ㄧˋ，yì。
3. 慙色：慚愧的樣子。

陸賈經常向劉邦進言，並且言必引述《詩經》和《書經》。劉邦罵他：「你老子騎在馬上得到天下，《詩經》和《書經》有啥用！」陸賈說：「槍桿子裡可以出政權，但怎麼可以用槍桿子治國呢？（……）如果當年秦始皇得了天下以後，行仁義之道，效法古代聖王，陛下哪有機會得天下呢？」劉邦聽了很不高興，但是臉上現出慚愧的神色（心裡明白陸賈說得有道理）。

名句的故事

陸賈對劉邦的陳述中，講了前代的兩個借鏡（原文「……」部分）：商湯和周武王革命，取代桀、紂，都是用武力得天下，但要能文武並用，才是可長可久的治國之術；春秋時吳王夫差和晉國強宗智伯，都是因為一味崇尚武力而亡國。

這兩個歷史教訓讓劉邦無可反駁，於是命令陸賈寫作「秦為何失天下？我何以得天下？以及古代國家成敗的道理」。陸賈以非常淺近的筆法（寫得太深奧的話，劉邦看不懂），寫了十二篇。每完成一篇上奏，劉邦都很稱讚，皇帝左右則在一旁呼「萬歲」（哄得皇帝高興，喜歡文治，就可以少打仗），這十二篇合輯為《新語》一書。

歷久彌新說名句

中國歷史上最懂得記取歷史教訓，不蹈前朝亡國覆轍的皇帝推唐太宗，《貞觀政要》當中記錄了很多這類的言論。

唐太宗巡遊洛陽宮時，對同行的臣子說：「此宮中的樓臺庭園，都是隋煬帝建的，他驅使百姓建造如此華麗宮殿，搞垮了民生經濟，結果身死國滅，如今宮苑皆歸我所有。朕和你們面對隋朝的弊端，要知所警惕，才能使社稷永存。」

名句可以這樣用

民主政治不必「槍桿子裡出政權」，但是「政權以選舉得之，不能以選舉治之」，如果當選了仍然天天搞選舉，社會哪一天能安靜下來呢？

卑之無甚高論

名句的誕生

文帝曰：「卑[1]之，毋甚高論，令今可施行也。」於是釋之[2]言秦漢之間事，秦所以失而漢所以興者久之，文帝稱善。

〈張釋之馮唐列傳〉

完全讀懂名句

1. 卑：下也，這裡有使簡陋、簡單的意思。
2. 釋之：張釋之，字季，官任廷尉，掌管全國司法工作。

漢文帝說：「講平實一點，不要太過於高談闊論，要今天可以施行的事項。」於是，張釋之開始談秦漢之間的事例，陳述秦為何失天下，而漢何以興起，談了很久，漢文帝非常嘉許。

名句的故事

張釋之可能是歷代司法官當中最受推崇的一位，有所謂「張釋之為廷尉，天下無冤民」的評價。他的名言「廷尉（法務部長）天下平也」，猶如今日所言「司法是社會正義的最後堡壘」。

張釋之做官是買來的，西漢開始有捐官制度，張釋之的哥哥捐穀為弟弟買官，幹了十年不得升遷，有意辭官回家種田，幸賴袁盎賞識他的才華，向皇帝推薦張釋之。張釋之在晉見皇帝時，大談古代聖君如何如何。漢文帝是古今第一好皇帝（高陽的評價），不愛聽理論，要他講對國計民生立即有益的事情，而張釋之也能講得頭頭是道，於是一再升遷直到掌理全國刑獄。

歷久彌新說名句

戰國時，商鞅見秦孝公，第一次晉見，商鞅大談「帝道」（五帝的治術），秦孝公聽到打瞌睡。第二次大談「王道」（周公所訂周王朝治道），孝公還是沒興趣。第三次他大談「霸道」（富國強兵之術），這下子正中秦孝公下懷，身體漸漸靠近商鞅，不知不覺間，雙膝甚至觸到了商鞅的座下席墊。一連談了數日，於是重用商鞅，變法圖強。

商鞅是「法家」代表人物，法家講求以法律威信建立全民向心。張釋之說動皇帝的過程近似商鞅，而他擔任司法首長，除了立威立信，更加講求「廉、平」，因而得到當世以及後世的推崇。

名句可以這樣用

漢文帝原句的意思是「講實在一些，不要唱高調」，後來的用法，由於「毋」、「無」相通，以及斷句不清，變成「卑之無甚高論」，也就是「看來沒什麼高明見解」。此所謂積非成是，也可說約定俗成，「毋須」（不必一定）拘泥原典。

鄙人不知忌諱

名句的誕生

上既聞廉頗、李牧[1]為人，良說而搏髀[2]曰：「嗟乎！吾獨不得廉頗、李牧時為吾將，吾豈憂匈奴哉！」唐[3]曰：「主臣！陛下雖得廉頗、李牧，弗能用也！」上怒，起入禁中[4]。良久，召唐讓曰：「公奈何眾辱我，獨無閒處乎？」唐謝曰：「鄙人[5]不知忌諱[6]。」

〈張釋之馮唐列傳〉

完全讀懂名句

1. 李牧：人名，戰國時趙將。常年居雁門關防備匈奴，使匈奴十多年不敢犯邊境。後大破秦軍，封武安君。秦施反間計，李牧遭誣為謀反，被斬。於是秦滅趙國。
2. 搏髀：拍擊大腿，表示情緒激動。髀，讀作ㄅㄧˋ，bì，指膝部以上的大腿骨，或大腿。
3. 唐：馮唐，漢文帝時為中郎署長。
4. 禁中：舊稱天子居住的地方。
5. 鄙人：住在鄉野、粗鄙的人。
6. 忌諱：指避忌、隱諱某些舉動或言語。

漢文帝聞知廉頗、李牧的事蹟以後，既高興又感嘆，拍著大腿說：「唉！我怎麼得不到像廉頗、李牧當年那樣的將才呢？（如果有的話）我何必為匈奴而憂心？」

馮唐說：「臣惶恐進言，陛下即使得到廉頗、李牧，也不能（不懂得）任用啊！」

漢文帝聞言大怒，站起來走回禁宮。過了許

久，召馮唐入見，責備他：「你為何在眾人面前羞辱我，難道不能私下講嗎？」馮唐謝罪：「我是鄉野粗鄙之人，不懂得避忌隱諱。」

名句的故事

漢文帝再問馮唐：「你何以認為我不能用廉頗、李牧？」馮唐說：「李牧擔任趙國鎮邊大將，軍中市場收到的租金全都用來犒賞軍士，賞賜由大將自行決定，中央政府從不干涉，完全授權但求成功。但是，最近魏尚擔任雲中郡守，作風一如李牧，因而將士用命，匈奴遠避，卻因為一句話不合意，就削爵為庶民。臣認為，陛下的法太明（過於查察為明）、賞太輕、罰太重。以此看來，陛下縱使得到廉頗、李牧，也不能充分授權。臣觸犯忌諱，死罪、死罪！」漢文帝頓時醒悟，當天就派馮唐帶著天子符節前往雲中，赦免魏尚，官復原職。

歷久彌新說名句

漢武帝時，李陵伐匈奴，兵敗被俘，司馬遷為李陵講話，遭到宮刑處罰。

這是漢文帝與漢武帝不同的地方，而司馬遷對馮唐大加揄揚，多少有為自己感到哀傷（不得其主）的意味。

名句可以這樣用

我們今天用「鄙人」為自謙之語，但「鄙人」和「在下」的用法，在明白典故之後，可以稍做區別：要發表議論，尤其是忠言逆耳時用「鄙人」，以緩和因直言引起的刺耳感覺。

將門之下必有將類

名句的誕生

趙禹曰：「吾聞之，將門之下必有將類。（……）今有詔舉將軍舍人[1]者，欲以觀將軍而能得賢者文武之士也。今徒取富人子上之，又無智略，如木偶人衣之綺繡[2]耳，將奈之何？」於是趙禹悉[3]召衛軍舍人百餘人，以次[4]問之，得田仁、任安，曰：「獨此兩人可耳，餘無可用者。」

〈田叔列傳〉

完全讀懂名句

1. 舍人：左右親信或是門客的通稱。
2. 綺繡：指五彩華麗的絲織品。
3. 悉：全部的意思。
4. 以次：依次。

趙禹（對衛青）說：「我曾聽說，將門之下必定有軍事人才。（……）如今皇上下詔拔擢將軍門下的食客，就是認為將軍必定收容了文武才能之士。如今您只挑出家境良好的子弟，他們卻完全缺乏智略，如同木偶穿上錦繡衣衫而已，怎麼向皇上交差？」於是趙禹將衛青府中一百多位食客通通叫出來，挑出田仁、任安二人，說：「只有這兩個可以，其餘都不能用。」

名句的故事

田仁的父親田叔擔任魯王（漢景帝之子）的

宰相，政績有口碑，死後魯人感念他，募集百金要為他建祠。田仁婉謝，說：「不能為了百金，傷害先人名聲。」

田仁與任安同為大將軍衛青的舍人，兩人都貧窮而有志氣。漢武帝下詔衛大將軍提報舍人擔任「郎」（初級軍官），衛青的「口袋名單」都是舍人當中比較富有的。（其實，是大將軍家監提出，那些人平常有錢攏絡家監。）

剛巧，賢大人趙禹來拜訪衛青，衛青就叫出那些「口袋名單」舍人，請趙禹評鑑一番。趙禹一個個與他們對談，沒一個有真才實學。於是趙禹自全體舍人當中挑出了田仁和任安，果然漢武帝也賞識這兩人，後來都做到千石以上高官。

歷久彌新說名句

原文中「……」處，是趙禹引用《左傳》：「不知其君視其所使，不知其子視其所友。」用意是提醒衛青：若推薦的舍人不堪用，皇帝會因此降低對大將軍「識人之能」的評價。

名句可以這樣用

閩南語諺語「第一門風，第二祖公」，就有門風高於血統的意味，亦即「將門之下必有將類」是比「龍生龍，鳳生鳳」更高的評價。同時，本句與「物以類聚」用法不同，物以類聚是同質者主動的相互吸引，本句是被動的受師長賞識。

信巫不信醫

名句的誕生

故病有六不治：驕恣[1]不論於理，一不治也；輕身重財，二不治也；衣食不能適，三不治也；陰陽并、藏氣不定，四不治也；形羸[2]不能服藥，五不治也；信巫不信醫，六不治也。有此一者，則重難治也。

〈扁鵲倉公列傳〉

完全讀懂名句

1. 驕恣：任性、傲慢。
2. 羸：讀作ㄌㄟˊ，léi，瘦弱。

所以說，疾病有六種情形無藥可救：病人驕傲任性，不可理喻，是第一種不治；不愛惜身體卻拚命追求財富，是第二種不治；衣著不隨季節增減，飲食不知節制，是第三種不治；陰陽相爭、氣血不定，是第四種不治；體質衰弱不能服藥者，是第五種不治；相信巫術占卜卻不相信醫生，是第六種不治。罹患疾病，又有這六種情形之一，那就更難治療了。

名句的故事

古代名醫扁鵲見齊桓侯，說：「你有病潛伏在皮膚，不加治療的話，將深入體內。」桓侯說：「寡人沒病。」扁鵲辭出，齊桓侯對左右說：「醫生好利，想以沒病的人邀功。」五天後，扁鵲再度入見，說：「你有病在血脈，不治療將更深入。」桓侯仍說「寡人無病」。又過了五天，扁鵲入宮，望見桓侯，回頭就走，桓侯命人去問他為什麼，扁鵲說：「疾病在皮膚，可以用湯藥治療；疾病深入腸胃，可以用藥酒治療；一旦進入骨髓，我也沒辦法了。」又過了五天，齊桓侯果然病發，派人召見扁鵲，扁鵲已經逃離齊國，桓侯終於病死。

歷久彌新說名句

漢高祖劉邦討伐英布叛變，被流矢所傷，病得很重，呂后找來良醫，醫生對劉邦說：「這病可以醫治。」劉邦破口罵他：「我以一介平民，提三尺劍爭得天下，難道不是天命嗎？命由天定，即使扁鵲復生，對我又有何益？」於是不讓醫生治病，賞他五十金，打發他回去。

呂后見情況如此，就問劉邦：「陛下百歲（逝世）以後，國事可以託付給誰？」於是有「蕭規曹隨」的故事。那一次，劉邦的傷好了，但不到一年去世。

名句可以這樣用

原始社會中，巫、醫不分，隨著社會進步，醫生愈來愈專業，但即使到了今天，仍有很多人「信巫不信醫」。放大來看，政治、經濟各層面，若不信專業而自以為是，甚至只相信「天命」，不也是信巫不信醫嗎？

殺一人以謝天下

名句的誕生

盎[1]對曰：「方今計獨斬鼂錯[2]，發使赦吳楚七國，復其故削地，則兵可無血刃[3]而俱罷。」於是上嘿然[4]良久，曰：「顧誠何如，吾不愛一人以謝天下。」（……）錯衣朝衣斬東市。

〈吳王濞列傳〉

完全讀懂名句

1. 袁盎：人名，字絲，西漢楚人。文帝時為郎中，景帝時與鼂錯有嫌隙，吳楚造反，帝用盎謀誅錯，拜盎為太常。之後因事為梁王所怨，被刺而死。
2. 鼂錯：人名，西漢穎川人。文帝時，奉命受尚書於伏生，累遷太子家令。景帝時遷御史大夫，因倡議削諸侯封地，導致吳、楚等七國舉兵造反，要求誅錯，後被殺。或作「晁錯」。
3. 血刃：血染刀刃的意思，指殺戮、戰爭。
4. 嘿然：不作聲。

（漢景帝屏退鼂錯，問袁盎有何計策可退吳楚七國之叛兵）袁盎回答：「（吳楚只希望誅殺鼂錯、恢復固有封地而已）如今只要斬一個鼂錯，派出使節宣布赦免吳楚等七國（造反之罪），恢復他們被削減的土地，那麼就可以兵不血刃而免去一場戰禍。」當時景帝沉吟許久，然後說：「你看到底該怎麼做？我當然不惜一條人命以向天下謝罪。」（袁盎請皇帝自做決定）。結果，鼂錯身著朝服被斬於長安東門市集。

名句的故事

漢高祖劉邦削平叛亂（功臣）之後，訂下「非劉氏不封王」的最高原則。然而，強藩不服中央朝廷之勢，不因劉氏同宗而稍減。因而，漢文帝和漢景帝都亟思壓抑或削弱諸王勢力。

袁盎和鼂錯其實都是主張「削藩」的大臣。但袁盎曾擔任吳國宰相，鼂錯則是漢景帝當太子時的老師，兩人暗中較勁。當七國叛變時，鼂錯曾在皇帝跟前中傷袁盎，說他「理當知情」，這個罪名可致袁盎於死。

後來在局面難以收拾之際，大將軍竇嬰推薦已退休的袁盎，袁盎乃藉單獨向皇帝進言的機會，報復鼂錯。事實上，後來景帝派袁盎為使節去宣布赦免吳王濞，吳王根本不奉詔，袁盎趁夜逃回鼂錯則白白掉了腦袋。

歷久彌新說名句

漢武帝時，匈奴請求和親，王恢獨主張開戰。後來，漢大軍三十萬分五路埋伏在馬邑的山谷中，被匈奴單于識破，未中伏。而王恢率軍三萬，原本任務是追擊匈奴輜重，卻不執行任務而撤退，被送軍法治罪。太后為他講情，漢武帝說：「發兵數十萬，就是為了他的建言。如今不殺王恢，無以謝天下（向三十萬將士謝罪）！」

名句可以這樣用

「不愛一人以謝天下」就是「殺一人以謝天下」的委婉說法。若砍一顆腦袋或處分一人就能平息眾怒，當然是「本輕利重」。然而，「殺ＸＸ以謝天下」經常只是內部鬥爭作用大，平息外患功效小，袁盎害死了鼂錯，大局仍難挽回，就是血淋淋的例子。

鬱鬱不得志

名句的誕生

魏其[1]失竇太后，益疏不用，無勢，諸客稍稍自引而怠傲，唯灌將軍[2]獨不失故。魏其日默默不得志，而獨厚遇灌將軍。（……）灌孟[3]年老，潁陰侯彊請之，鬱鬱[4]不得意，故戰常陷堅，遂死吳軍中。

〈魏其武安侯列傳〉

完全讀懂名句

1. 魏其：即竇嬰，字王孫，西漢觀津人。文帝竇后的姪兒。武帝時任丞相。七國之亂，被景帝封為大將軍，亂平，以功封魏其侯。
2. 灌將軍：指灌夫，為人剛直，不善阿諛他人，曾在宴會上飲酒罵人，而得罪了丞相，以致族誅。
3. 灌孟：灌夫的父親。
4. 鬱鬱：悶悶不樂。

魏其侯竇嬰在竇太后過世以後，漸漸被皇帝疏遠不受重用，昔日權勢不再，門下賓客開始另找出路，對竇嬰甚至出現怠慢或倨傲的態度，只有灌夫一如以往。竇嬰終日因失意而少言語，唯獨對灌夫特別好。（……）灌孟年紀已經很大，由於潁陰侯灌何極力推薦才得擔任校尉，灌孟因不得施展抱負而心中鬱悶，因此每逢作戰總是衝向敵軍（七國之亂叛軍）堅強之處，終於死在吳軍陣地中。

名句的故事

灌孟本姓張，為灌家舍人，蒙主人允許改姓灌。灌孟為國捐軀，依漢代軍法，灌夫可以扶柩回家，可是灌夫不肯，誓言要為父報仇。他召募自己手下十數人，衝進吳軍陣地，直達對方大將旗幟之下，殺傷數十人。回到己方陣地時，只剩自己一人一騎，身上較大的傷口十幾處（小傷未計），因此而名聞天下，累積軍功升為將軍。

灌夫個性剛直，好飲酒，對貴戚不假辭色，獨對竇嬰特別禮貌。竇嬰失勢，兩人相互援引，灌夫為竇嬰與當權的武安侯田蚡牽線，安排了飯局，田蚡卻將他倆「放鴿子」，雙方因而交惡。

歷久彌新說名句

灌夫對失勢的竇嬰下工夫，是官場上「燒冷灶」的實例之一。後來灌夫犯了罪，竇嬰為他上書皇帝，但畢竟冷灶不如「熱灶」，敵不過王太后和田蚡（王太后親弟弟），最終都被處死。

竇嬰和田蚡之間的恩怨，牽涉前後兩位太后的娘家外戚，司法單位不敢處理，連漢武帝（當時尚年輕）都難以裁決。外戚干政戕害司法，漢朝後來的衰敗，自此埋下種因。

名句可以這樣用

竇嬰因失勢「不得志」而默默，灌孟因年老不得意而「鬱鬱」，兩句合為一句，成為我們今天常用的「鬱鬱不得志」。

桃李不言，下自成蹊

名句的誕生

余睹李將軍[1]悛悛[2]如鄙人，口不能道辭，及死之日，天下知與不知，皆為盡哀。彼其忠實心誠信於士大夫也。諺曰：「桃李不言，下自成蹊[3]。」此言雖小，可以諭大也。

〈李將軍列傳〉

完全讀懂名句

1. 李將軍：指李廣，西漢名將。文帝時為武騎常侍，武帝時擔任右北平太守，匈奴稱他「飛將軍」。
2. 悛悛：形容人敦厚篤實的樣子。悛，讀作ㄑㄩㄢ，quān。
3. 蹊：小路。

（司馬遷在〈李將軍列傳〉結尾評論）我看到的李（廣）將軍，老實厚道像個鄉下人，口才不是很好。他死的那天，天下（士人）無論認識他的或不認識他的，都為他深深哀悼，就是因為他本心忠實誠意讓士大夫信服的緣故。俗話說：「桃李不會（不必）說話，樹下卻自然而然被人們走出路來。」這句話雖然講的是小事情，卻可以用來比喻大道理。

名句的故事

漢朝「飛將軍」李廣一生戰績彪炳，帶兵打仗身先士卒，得到賞賜總是分給部下，終其一生，雖然官俸二千石（相當文官一級）有四十多年，可是家無餘財。

漢文帝曾經對他說：「可惜你生在太平時期，若是生在高祖時代，萬戶侯又算什麼？」然而，到了漢武帝時，屢次對匈奴大舉用兵，李廣也屢建奇功，卻總是運氣不佳，無緣封侯。

他最後一次出征已經六十多歲，統帥是大將軍衛青，漢武帝私下告誡衛青：「李廣年紀大了，運氣又不好，不要讓他面對匈奴主力。」結果，李廣又因為迷路而誤了大軍集結。這一次，李廣不願再度面對軍法官，引刀自刎。天下百姓聽說，無論老年、壯年人都為他垂淚。

歷久彌新說名句

戰國時趙國名將趙奢的兒子趙括，自幼隨父親學習兵法，經常與父親辯論。趙奢雖不同意趙括的論點，口頭上卻駁不倒他，於是趙括自詡天下第一，受到趙孝成王重用。

然而，趙括待部下驕傲，國君每有賞賜都帶回家，並且有機會就購置田產。後來，他擔任趙軍主帥，被秦軍俘虜數十萬人（士卒不願效死），自己陣亡。這個故事可做為李廣作風的反面教材。

名句可以這樣用

打開報紙求才廣告版，那些在廣告中大吹大擂自己公司有多好的，經常在登廣告（總是在缺員狀態下）；而那些素享盛名的公司，每次招人都有成千上萬人應徵，那就是「桃李不言，下自成蹊」了。

匈奴未滅，何以家爲？

名句的誕生

驃騎[1]將軍為人少言不泄[2]，有氣敢任。天子嘗欲教之孫吳兵法，對曰：「顧方略[3]何如耳，不至學古兵法。」天子為治第[4]，令驃騎視之，對曰：「匈奴未滅，無以家為也。」

〈衛將軍驃騎列傳〉

完全讀懂名句

1. 驃騎：形容馬跑得很快，也是漢代職官名，對將軍的稱號。
2. 不泄：隱瞞所知，不宣布。
3. 方略：指方法謀略。
4. 治第：建造宅第。

驃騎將軍（霍去病）沉默寡言，更不洩露別人言語，有氣魄敢擔當。漢武帝曾經要他學孫子吳起的兵法，他回答：「打仗端視對陣方略如何而已，不必去學習古代的兵法。」漢武帝為他建造府第，完成後叫他去看，他回答：「匈奴尚未消滅，無心慮及家事。」

名句的故事

霍去病是一位少年英雄，他的確比其他將領勇敢，且才華洋溢。衛青第三次出塞征匈奴，霍去病率領八百騎兵，超前大軍數百里作戰，斬首俘虜二千多人，升為驃騎將軍，封冠軍侯。接連幾次戰役之後，食邑增加到九千五百戶（差一點點就是萬戶侯了）。

霍去病的運氣比李廣好。或許因為他是衛青的外甥，而衛青是皇帝的小舅子，身為皇親國戚當然占了便宜，可是與匈奴打仗得靠真刀真槍，裙帶可不能殺敵。

霍去病和李廣相同的作風是沉默寡言、勇敢有擔當，且不以家產為念。不同的作風是，霍去病並不體恤軍士的勞苦，當軍隊在塞外，糧草缺乏時，他還有興致踢足球（蹋鞠）。儘管如此，仍能每戰皆捷，想必有他獨到的領導統御方法。

歷久彌新說名句

南宋抗金名將岳飛，年輕時，受宗澤賞識。宗澤有意傳授岳飛「陣圖」（布陣之法），岳飛說：「列陣而戰是普通的兵法，真正交戰時，運用之妙，存乎一心。」這是岳飛與霍去病同為青年將才的共通點。

岳飛家裡沒有妾婢服侍，當時另一位抗金名將吳玠買了一位「名姝」（著名的歌伎）送給岳飛，岳飛說：「主上仍為國事憂心，豈是大將求安樂的時候？」婉拒吳玠的好意。這也近似霍去病為國忘家的作風。

名句可以這樣用

本句常有引用，可是多作「匈奴未滅，何以為家？」用來推托成家，表示待事業有成才考慮結婚。這是「家為」與「為家」的小差別，將名句稍做修改，改得不錯！

有非常之人，然後有非常之事

名句的誕生

蓋世必有非常之人，然後有非常之事；有非常之事，然後有非常之功。非常者，固常之所異也。故曰，非常之原[1]，黎民[2]懼焉；及臻[3]厥成，天下晏如[4]也。

〈司馬相如列傳〉

完全讀懂名句

1. 原：源頭，開始。
2. 黎民：民眾，老百姓。
3. 臻：至，達到。
4. 晏如：平靜，安寧。

簡單說，世上必定要出現非常之人，才能幹出非常之事；做了非常之事，才能建立非常的功業。所謂「非常」，原本就和「通常」不一樣。所以說：一件非常之事在開始時，老百姓是戒慎恐懼的，等到成功之後，天下就太平了。

名句的故事

漢朝時，西南方夷族諸部以夜郎國最大，夜郎國王曾經問漢帝國使者：「漢與我國誰比較大？」也就是「夜郎自大」成語的典故由來。

漢武帝派唐蒙經略西南，將夜郎設置犍為郡。同時派遣司馬相如出使四川西邊各夷族，設置了十幾個縣，歸蜀郡管轄。

司馬相如到達蜀郡之初，蜀地父老群起表

示：溝通西南夷沒有大用。司馬相如就寫了一篇文章，向父老及百姓說明天子的用意。其中重點就在於前述原文那幾句話，說服了蜀地豪族支持通西南夷的政策。

司馬相如年輕時很貧窮，又有口吃的毛病，可是文才極高，又善於奏琴，以琴音挑動了富豪卓王孫的女兒卓文君，夜裡與他私奔，兩人在成都開小飯館維生。卓王孫起初很生氣，後來氣消了，就分給他們錢財和童僕。司馬相如因而有資金到長安求官，以文章打動漢武帝，擔任郎官。他以文學的力量建立外交方面的功業，與李廣、霍去病（口才不好，軍事好）足堪比擬。

歷久彌新說名句

三國前期，董卓討伐曹操，陳琳起草檄文，其中也用了「有非常之人，乃有非常之事」。但用意卻是抹黑曹操，說他是宦官養子的後代，又下達挖墳盜墓的命令以聚斂財寶等等。在陳琳筆下，「非常」之人成了「非常壞」的人。

名句可以這樣用

所有的改革都是「非常」（不同於往常）的事情，人們因不瞭解而戒懼，或因不適應而「陣痛」。但只要熬過陣痛，「新生」的喜悅會帶來長遠的太平。母親懷孕、生子，不也是「非常之事」嗎？

一尺布，尚可縫

名句的誕生

民有作歌歌淮南厲王曰：「一尺布，尚可縫；一斗粟，尚可舂[1]。兄弟二人不能相容。」上聞之，乃歎曰：「堯舜放逐骨肉，周公殺管蔡，天下稱聖。何者？不以私害公。天下豈以我為貪淮南王地邪？」乃徙[2]城陽王王淮南故地，而追尊謚淮南王為厲王，置園復如諸侯儀[3]。

〈淮南衡山列傳〉

完全讀懂名句

1. 舂：以杵臼搗去穀物的皮殼。
2. 徙：轉移，遷移。
3. 儀：禮節。

民間有人做歌謠諷刺淮南厲王絕食而死事件：「一尺布尚且可以縫來共穿；一斗穀子尚且可以舂而共食。為何兄弟二人不能相容？」漢文帝聽到，歎氣說：「堯舜放逐骨肉（同姓「四凶」），周公殺管叔蔡叔，天下人稱頌他們為聖人。為什麼？因為他們不以私害公。難道當今天下人以為我貪圖淮南王的土地嗎？」於是將城陽王調遷到淮南國原來的土地，再將死後已貶為列侯的淮南王追尊為淮南厲王，墓園比照諸侯禮制。（後來又將淮南王的三個兒子分封到原來土地為王。）

名句的故事

淮南王劉長是漢高祖劉邦最小的兒子，漢文

帝的兄弟，可是自恃親貴，驕縱不守法。漢文帝一再姑息，造成淮南王變本加厲，國內用自己的年號、自訂法令，一切比擬天子。甚至派自己的兒子出使閩越、匈奴（私通敵國）。

終於，漢文帝不能再坐視不理，派人用檻車將淮南王載到長安（下獄治罪），劉長不願接受這項屈辱，絕食而死。

歷久彌新說名句

三國魏文帝曹丕逼自己的弟弟曹植「七步成詩」，否則處斬，曹植吟出流傳千古的名句：「本是同根生，相煎何太急？」這兩句乃成為兄弟不相容的最佳用句。「一尺布，尚可縫」雖然少被應用，但仍然是絕佳比喻。

名句可以這樣用

其實，平凡人家的兄弟之間反而能做到「共衣一尺布，共食一斗粟」；愈是富貴人家，兄弟之間為了爭家產、爭權力，鬥爭愈是激烈。易言之，一尺布可以縫衣共穿，家有「萬尺布」反而不能相容。

夜不閉戶，路不拾遺

名句的誕生

子產[1]為相一年，豎子[2]不戲狎[3]，斑白[4]不提挈[5]，僮子不犁畔[6]。二年，市不豫賈[7]。三年，門不夜關，道不拾遺。四年，田器[8]不歸。五年，士無尺籍[9]，喪期不令而治。

〈循吏列傳〉

完全讀懂名句

1. 子產：春秋鄭國大夫公孫僑，字子產。博學多聞，擅長於政治。當時晉楚爭霸，鄭國處兩大國之間，子產能事大國以禮，並讓晉楚敬畏之。死時，孔子為之涕。
2. 豎子：兒童，年輕人。
3. 戲狎：戲弄輕慢。
4. 斑白：頭髮花白，指老年人。
5. 提挈：照顧。
6. 犁畔，指從事農事。
7. 豫賈：豫，欺騙；賈，同「價」。指哄抬售價以欺騙顧客。
8. 田器：指耕田用的農具。
9. 尺籍：指書寫軍令、記錄軍功的簿冊。

子產擔任鄭國宰相，一年以後，年輕人不再輕浮，銀髮族不用再操勞，小孩子不必下田幫忙耕作。二年後，市場物價穩定不波動。三年後，晚上不必關門，路上遺失物品不會有人撿拾。四年後，農耕器具可以留在田裡不帶回家。五年後，士人不必入伍服役（無外患），家有喪事也自動依禮儀辦理。

名句的故事

子產治理鄭國的政績，幾乎是中國知識分子階級「學而優則仕」、對政治品質期許的最高境界。他用的方法是「教化」，也就是以道德約束。

子產更是「言論自由」的先驅。當時鄭國知識分子經常聚集在鄉校批評時政，有人就建議子產把鄉校廢了，子產不同意。（對照「防民之口甚於防川」。）

子產擔任鄭國宰相二十六年，死後，青壯年人為他號哭，老人為他「兒啼」（如嬰兒般啼哭），人們都說：「子產離我們而去，人民將如何自處？」

歷久彌新說名句

《史記》中另一處記載「道不拾遺」是在〈酷吏列傳〉。漢武帝時，王溫舒擔任廣平郡都尉，他掌握司吏的黑資料，如果緝捕盜賊不力，就翻出老案子治罪，最重者禍延全族。因而司吏個個賣力捕盜，附近郡縣的盜賊不敢進入他的轄區。

然而，王溫舒的政績，除了「道不拾遺」之外，還有「郡中無聲、無敢夜行、野無犬吠之盜」，治安雖好，但人民卻是生活在恐懼之中，與子產不可相提並論。

名句可以這樣用

古時候社會單純，用教化、用高壓手段或許可以做到「夜不閉戶，路不拾遺」。今天的社會複雜，而且道高一尺，魔高一丈，那種境界已經不可能重現了。

一貴一賤，交情乃見

名句的誕生

始翟公為廷尉，賓客闐[1]門；及廢，門外可設雀羅[2]。翟公復為廷尉，賓客欲往，翟公乃大署其門曰：「一死一生，乃知交情；一貧一富，乃知交態；一貴一賤，交情乃見。」

〈汲鄭列傳〉

完全讀懂名句

1. 闐：讀作ㄊㄧㄢˊ，tián，充滿，充塞。
2. 雀羅：補鳥雀用的網子。

最初翟公擔任廷尉（最高司法首長），賓客擠滿門庭，可是當他下台後，門外冷清到可以張網捕麻雀（「門可羅雀」語出此典）。等到他再度當廷尉，賓客又想回來，翟公就在門口寫上大字：「一生一死之間才知交情真假；一貧一富之間才見態度冷暖；一貴一賤之間才見真交情。」

名句的故事

司馬遷係引述翟公這三句二十四個字來印證汲黯與鄭莊兩位清官，他倆位列九卿（次長級），也都兩袖清風，死後家無餘財。同時，兩人也都曾經歷「有勢則賓客十倍，無勢則否」的冷暖。

清廉固然可貴，他倆的正直與為所當為更令人欽佩。

漢武帝派汲黯去視察河內火災（延燒千餘

家），汲黯行經河南，當地貧戶萬餘家受水旱災之害，甚至到了父子相食的地步。汲黯「用掉」了皇帝給的符節，開倉賑災，然後回朝廷請罪，漢武帝沒有追究他。

鄭莊擔任太史時，告誡門下，凡有人求見，不論地位高下，立即通報，不得讓求見者在門房等候。由於他為官清廉，又不懂得理財，所以只能以薪水及皇帝賞賜來供給賓客。不僅如此，當別人和他意見不同時，他卻經常推崇那人有獨到見解，若意見真的很好，就立即向皇帝推薦，唯恐耽誤了時效。

歷久彌新說名句

唐太宗賜蕭瑀詩中有：「疾風知勁草，板蕩識忠臣」，以及文天祥〈正氣歌〉吟道：「時窮節乃見」，也都是一樣的意思：只有經過重大考驗，才能見出真情。三者的差別則在於：唐太宗是君王勉勵臣下；文天祥是力不能挽狂瀾，自表心跡；翟公則是下台復出之後的報復心態。

名句可以這樣用

人情的冷暖，本來就是「如人飲水」，特別是不得意時，更有如「寒天飲冰水」，也因此「松柏不凋於歲寒」愈令人珍惜。

爲治者不在多言

名句的誕生

天子使使[1]束帛[2]加璧安車駟馬[3]迎申公。……天子問治亂之事，申公時已八十餘，老，對曰：「為治者不在多言，顧力行何如耳。」是時，天子方好文詞，見申公對，默然。

〈儒林列傳〉

完全讀懂名句

1. 使使：派遣使者。第一個「使」為動詞，第二個是名詞。
2. 束帛：捆成一束的布帛，古時是用來饋贈的禮物。
3. 安車駟馬：安穩壯盛的馬車。

漢武帝派出使者，帶著綢帛璧玉等貴重禮物，用安穩的車子，由高大的馬匹拉載，將申公迎接到長安。……武帝向他請教天下治亂的道理，申公當時已經八十多歲，回答說：「想要國家安治，不在於言詞誇飾，完全看實際執行成效如何罷了。」那時候，漢武帝正喜好文學詞令，聽到申公這種理論，默然以對（不高興，但又不好發脾氣）。

名句的故事

申公在此之前，曾經擔任楚王太子的師傅，可是太子不好學，惱怒這位老師，因此在即位後，居然將申公貶為徒隸，叫他在市場上舂米。申公於是回到魯國，閉門謝客，各地前往受業的弟子有一百多人。

漢武帝的朝中，郎中令王臧和御史大夫趙綰都是申公的學生，向皇帝推薦老師，皇帝也以禮相迎，孰料老人家那一套不合皇帝的意，申公只能在長安坐「冷板凳」了。

後來，趙綰和王臧得罪了竇太后，下獄，自殺，申公也被遣回魯國。

歷久彌新說名句

其實，申公是政爭的一個犧牲品。

漢武帝初即位時，祖母竇太后當權，喜好老子學說。年輕有為的皇帝要向祖母爭權，於是崇尚儒家學說，提拔各地文學、賢良、方正人才，建立自己的班底。申公的「為治者不在多言」其實偏向老子學說，可是因為趙綰、王臧居然建議「朝政不必請示東宮」，學生遭太后打擊，老師則遭了池魚之殃。

清末，光緒帝「百日維新」也是皇帝向太后奪權，康有為和譚嗣同等「六君子」，因而被打成「亂黨」，康有為出奔，六君子遇害，大清帝國完結！

名句可以這樣用

「為治者不在多言」的重點應在下句「顧力行如何」；如果只會開支票而沒有政績，那就是「芭樂票」；但如果既提不出政策，又不能做事，那根本是「尸位素餐」，不能以「為治者不在多言」搪塞人民！

非此母不能生此子

名句的誕生

湯[1]死，家產直不過五百金，皆所得奉賜，無他業。昆弟諸子欲厚葬湯，湯母曰：「湯為天子大臣，被汙惡言而死，何厚葬乎！」載以牛車，有棺無槨[2]。天子聞之，曰：「非此母不能生此子。」乃盡案誅三長史。丞相青翟自殺，出田信。

〈酷吏列傳〉

完全讀懂名句

1. 張湯：人名。西漢杜陵人，武帝時官至御史大夫，處理訟獄案件，十分嚴苛，為漢代著名酷吏。後為人所陷，因而自殺身亡。
2. 槨：指棺材外面的套棺。

張湯死後，家產總值不超過五百金，全都是得自官俸與賞賜，沒有其他產業。兄弟兒子有意厚葬張湯，張湯的母親說：「張湯擔任天子的大臣（御史大夫，地位僅次於丞相），蒙受誣衊抹黑而死，有什麼理由厚葬！」用牛車承載張湯的遺體，且只有內棺無外槨（平民身分）。漢武帝聽說此事，表示：「不是這樣的母親，生不出這種兒子。」於是將陷害張湯的三位長史（朱買臣、王朝、邊通）下獄處死，丞相莊青翟為此事自殺，放出田信（張湯的幕僚）。

名句的故事

西漢多酷吏，張湯排名首位，他用司法手段為漢武帝鞏固統治基礎，尤其辦「巫蠱之禍」時，追根究柢追查出「所有」（肯定包括被誣陷害者）黨羽。這種大獄，統治者的原則是寧枉勿縱，也只有張湯如此嚴苛的性格作風才辦得到。

如此作風，當然樹敵無數，於是最後被陷害下獄。張湯在獄中上書皇帝，指名哪些人陷害他，然後自殺。

對漢武帝而言，張湯的忠誠度百分之百，死後又發覺他的清廉也是百分之百，再加上張湯自殺以明志，張湯母親又作風剛烈，因此下令為他平反，並嚴辦陷害他的人。

歷久彌新說名句

張湯的兒子張安世後來比老爸更有出息，爵封富平侯，官居大司馬衛將軍（武）、領尚書事（文）。他一生治事謹慎周密，待人內外無間，三個兒子盡皆封侯。這就不是「乃父之風」了——事實是超越了父親多多，無論官爵或作風，並未「十足」承繼乃父的酷吏遺傳。

名句可以這樣用

俗話說：「龍生龍，鳳生鳳，耗子生兒會打洞。」指的是「有其父必有其子」，多半用於貶意。而「非此母不能生此子」則是誇獎或讚歎之意。

俠以武犯禁

名句的誕生

韓子曰：「儒以文亂法，俠以武犯禁。」二者皆譏，而學士多稱於世云。（……）今游俠[1]，其行雖不軌於正義，然其言必信，其行必果，已諾必誠，不愛其軀，赴士之厄困，既已存亡死生矣，而不矜[2]其能，羞伐[3]其德，蓋亦有足多者焉。

〈游俠列傳〉

完全讀懂名句

1. 游俠：指喜好交遊、重視義氣、能夠救困扶危的人。
2. 不矜：不自誇。
3. 伐：自誇。

韓非子說：「儒士舞文弄墨敗壞法度，俠士以武力挑戰禁令。」二者都遭到他的批評（法家貶抑儒家、仇視俠客），可是此二種人卻常受世人稱讚。（……）如今的游俠之士，他們的行為雖然和正常的規矩不合，但是他們說話必守信用，行事必有結果，承諾之事必誠信，不顧惜自己的生命去解救別人的困厄，可說是勇敢面對生死存亡關頭了。他們還能不自恃才能，恥於誇耀功勞，的確有值得讚許之處啊！

名句的故事

〈游俠列傳〉中，著墨最多的當數郭解。郭解從小好鬥狠，堪稱無惡不作，可是運道很好，總是能逃脫、躲藏，捱到大赦。他以行俠仗義為滿足，救了別人從不誇耀自己的恩德，於是累積了聲望，經常為人調解難以化解的怨仇。逃亡的罪犯前往請他保護，他也有能力庇護，名聲愈發遠播。

漢武帝時，將天下富豪遷到茂陵，郭解也在被遷之列，關中地區的豪俠之士爭相與他交往。後來，有人口頭冒犯了郭解，這人被殺且割去舌頭。官吏雖然以證據不足判郭解無罪，可是御史大夫公孫弘說：「郭解雖不知情，他的罪卻比自己殺人還更重。」判決郭解「大逆無道」，全家誅滅。

歷久彌新說名句

曾有大學生「遛鳥俠」為兌現口頭賭約，趁夜在校園裸奔，觸犯了校規。以司馬遷對「俠」的定義：言必信、行必果、行事低調，是當得上「俠」名的。只不過，校方的立場和公孫弘一樣，總不能視若無睹。

名句可以這樣用

「俠以武犯禁」誠然是執政者不容，否則無以約束人民。然而，政府或官員曲解法令（以文亂法），對法律威信的戕害，實更大於個人行為的「俠者」。

一斗亦醉，一石亦醉

名句的誕生

威王大說，置酒後宮，召髡賜之酒，問曰：「先生能飲幾何而醉？」對曰：「臣飲一斗[1]亦醉，一石亦醉。」威王曰：「先生飲一斗而醉，惡[2]能飲一石哉！其說可得聞乎？」髡曰：「（……）。」以諷諫焉。齊王曰：「善。」乃罷長夜之飲。

〈滑稽列傳〉

完全讀懂名句

1. 斗：為古時酒器，非量具。
2. 惡：如何，怎麼。

（淳于髡向趙國請來十萬援兵，楚軍退去，齊國解圍）齊威王很高興，在後宮擺下酒筵，款待淳于髡。問他：「先生酒量能飲多少才醉？」淳于髡回答：「我飲一斗（杯）也醉，一石（十斗）也醉。」威王（聽出話中有話）說：「先生既然喝一斗就會醉，怎麼還能喝一石呢？有什麼道理可以說來聽聽嗎？」淳于髡講了一番議論以諷諫威王：「（……）。」齊威王說：「說得好！」於是不再通宵飲酒。

名句的故事

淳于髡的「飲酒論」（原文「……」處）如下：

大王賜酒，旁邊站著執法官，後面立著御史，我心懷恐懼，俯伏而飲，這樣喝酒，一斗就醉了。父親有客人造訪，我整肅儀容、一旁侍候，偶爾賞我喝一杯，如此則不超過二斗就醉了。老朋友相見，把酒言歡，聽說往日情景，可以喝五、六斗。鄉里間同樂，男女雜坐，猜拳行會，握到異性的手也沒忌諱，多看兩眼也無妨，如此喝法，喝個八斗，十次當中只會醉二、三次。如果是晚餐盡興，杯盤狼藉，鞋子也脫了，帽子也摘了（披頭散髮），主人送客，只留我一人，如此景況，我可以喝一石。所以說，酒喝到極致就會亂，樂極會生悲，天下事道理盡相同，不可以「過度」，過度就會由盛而衰。

這是淳于髡藉喝酒諷諫齊威王。齊威王因能納諫而稱雄諸侯，淳于髡因能諷諫而名聞後世。

歷久彌新說名句

五代十國，閩王有一次看到周維岳喝酒似乎沒有底線，問他：「看不出你個子這麼小，酒量居然如此大？」旁邊有人代答：「大王，這就叫做『酒有別腸』啊！」（體內另有一條腸子裝酒。）

詩仙李白可以「三百六十日，日日醉如泥」，但仍不損他的形象。一方面他是「酒有別腸」，一方面也因為他的才華，才能被縱容。

名句可以這樣用

「一斗亦醉，一石亦醉」是淳于髡的引喻諷諫，但他對喝酒之樂的層次分析，另有一句名言更為貼切：「酒逢知己千杯少」，若是對象無趣，那就「話不投機半句多」了。

彼一時也，此一時也

名句的誕生

時會聚宮下博士諸先生與論議，共難之[1]曰：「蘇秦、張儀一當萬乘[2]之主，而都卿相之位。今子大夫（……）官不過侍郎[3]，位不過執戟[4]，其故何也？」東方生曰：「是固非子所能備也。彼一時也，此一時也，豈可同哉？（……）使張儀、蘇秦與僕並生於今之世，曾不能得掌故[5]，安敢望常侍、侍郎乎？」

〈滑稽列傳〉

完全讀懂名句

1. 共難之：這裡指使其難以對答。
2. 萬乘：依據周制，天子地方千里，兵車萬乘。
3. 侍郎：職官名稱，秦漢時郎中令的屬官，主更值執戟，宿衛殿門。
4. 執戟：職官名稱，秦漢時的侍郎官，掌管宿衛殿門。
5. 掌故：職官名稱，周時負責防禦城池，漢時掌管禮樂制度，唐代則看守倉庫、陳設等。

當時一干博士學者會聚宮廷之下，與東方朔一同議論，群起「吐嘈」他：「蘇秦、張儀一旦面對萬乘諸侯君主，立即位居卿相。如今先生你（號稱博學）（……），做官不到侍郎（次長級），地位不及殿前侍衛，是什麼緣故啊！」

東方朔說：「這就不是諸位所能理解的了！時代背景不同，豈可一概而論。（……）如果讓張儀、蘇秦跟我同生於這個時代，他倆連個『掌故』（中階文官）都當不到，哪還敢企求常侍、侍郎呢？」

名句的故事

東方朔以博學聞名，漢武帝召募天下人才（賢良文學），東方朔到了長安，上書皇帝用了三千片木牘，漢武帝讀了二個月才看完（意味著內容頗得帝心，才有此耐心），封他為「郎」官，經常宣召面談，留他吃飯，東方朔「吃不完兜著走」，衣服都被油汙了。

皇帝如此鍾愛他，引起其他學者的側目，於是有機會就損他一番，東方朔並不挾嫌報復，只用言辭「壓制」他們。

歷久彌新說名句

三國諸葛亮在出山前，自比管仲和樂毅，兩人是春秋戰國時代，讓國家稱雄於諸侯的良相名將，是諸葛亮身處亂世，立志效法的對象。

然而，後人評論諸葛亮的功業，有人認為他可比擬伊尹、周公，有人認為他還不及蕭何、曹參，那就是不瞭解「彼一時也，此一時也」的道理了——「立志」可以上比古人，「蓋棺論定」則不宜以不同時空背景相提並論。

名句可以這樣用

注意「彼一時也」應在前，「此一時也」應在後，才是本意。但若以本句做為「事後反悔賴帳」的託辭，不如用「因時制宜」、「因事制宜」比較恰當。

老死不相往來

名句的誕生

老子曰：「至治之極，鄰國相望，雞狗之聲相聞，民各甘其食，美其服，安其俗，樂其業，至老死不相往來。」必用此為務，輓[1]近世塗[2]民耳目，則幾無行矣。

〈貨殖列傳〉

完全讀懂名句

1. 輓：通「晚」。
2. 塗：這裡有遮蔽、堵塞的意思。

《老子》書中說：「理想國的極致是，相鄰部落彼此看得到，雞鳴狗吠也聽得見，但人民都認為自己的食物最可口、衣服最美、風俗最好、工作最樂，因而彼此之間直到老死都不相往來。」如果世界一定得始終維持這樣才是最佳狀態，那除非將人民的耳目都堵塞起來，在現代是行不通的。

名句的故事

老子是中國第一位大思想家，他的哲學有很多到今天都還是至理名言，然而他理想中的時代仍屬部落社會，天子只是「共主」，諸侯「國」通常只是首都城區和周圍而已，所以他勾繪出來的理想國是那樣的景況。

到了司馬遷的年代，經過秦朝滅六國、統一文字、建馳道，再經過漢武帝統一貨幣，人民之間的經濟活動已經很頻繁，實質上已不可能

「老死不相往來」。

名句可以這樣用

「老死不相往來」也常用在二人（或家族、團體）由交好變成交惡，雖未至相互攻伐的地步，但卻從此不來往，形同陌路。

而在人情澆薄的現代都市當中，同住一棟樓，每天共用同一電梯的鄰居，也可能「老死不相往來」，見面沒話可談，甚至不打招呼。這不就是老子的原意了。

「老死不相往來」。所以〈貨殖列傳〉以老子的話做破題，開宗明義點出商業存在的必然性，以及時代潮流是擋不住的。

歷久彌新說名句

晉代陶淵明寫的〈桃花源記〉描述：在一個神祕山谷當中，住了一群人，他們在谷中安居樂業，「雞犬相聞」。見到無心闖入的捕魚人，熱情招待之後，送他出谷，說：「這裡面的事，不足為外人道也（拜託別跟外面的人說）。」

陶淵明本人不願「為五斗米折腰」，寧願「歸去來兮」，過他的「採菊東籬下，悠然見南山」日子。所以，他這篇〈桃花源記〉就有濃厚的老子思想。

在這篇寓言小品當中，桃花源裡的人，先世是為「避秦」而到該處。當然可以解讀為：因為無法躲避外界日趨複雜的社會，不能「堵塞天下人耳目」，就只好自己隱居起來，與外界

貴出如糞土，賤取如珠玉

名句的誕生

昔者越王句踐困於會稽之上，乃用范蠡、計然[1]。計然曰：「(……)論其有餘不足，則知貴賤。貴上極則反賤，賤下極則反貴。貴出如糞土，賤取如珠玉。財幣欲其行如流水。」

〈貨殖列傳〉

完全讀懂名句

1. 計然：春秋時人辛研，字文子。因精通計算，所以稱為「計然」。曾仕越國，提出察好尚、貴流通、尚平均、戒滯停等十策，越國運用其中五策而爭霸中原。范蠡師之，財產至鉅萬。

當年越王句踐被困在會稽山上，（脫困後）就重用范蠡和計然（實行富國之策）。計然（陳述富國之道）說：「(……)觀察物資的供需狀況，就知道他的價格是偏高還是偏低。價格高到不合理就會轉而下跌，價格低到不合理就會轉而上漲。價格偏高時應視之如糞土般，毫不吝惜的賣出，價格偏低時要視之如珠玉般買進。至於貨幣，要讓它像流水一般暢行流通。」

名句的故事

計然的祖先是晉國的流亡公子，計然則是范蠡的老師。他向越王句踐提出十項政策，越國十年內實施了其中五項，就已經國富庫盈，以充裕的國庫供養戰士。臨陣時公布豐厚獎賞，士卒面對敵軍矢石都奮不顧身衝鋒，如同乾渴之人奔向水源一般，於是打敗吳王夫差，並且進軍中原爭霸。

范蠡在句踐成功之後，急流勇退（因為他曉得句踐「可共患難，不可共享樂」），說：「計然的策略可以用來富國，我現在要用之於自家。」於是泛舟而去，後來成為鉅富陶朱公。

歷久彌新說名句

計然的理論直到今天仍是經濟、金融的至理名言，儘管時空與社會背景不斷變化，可是人性和經濟法則是不變的。

將它套用在股票買賣不就是如此嗎？股價漲到頂峰時，其實是大好賣點，可是有多少人捨得在那時候「貴出如糞土」？股市低迷到谷底時，又有多少人敢進場「賤取如珠玉」？

只要能秉持計然的理論，任何人都可以如范蠡一般（十九年內三次累積千金財富）成為鉅富。當然，今日的股市比三千多年前複雜得多，用功仍是必要的。

名句可以這樣用

「貴出如糞土，賤取如珠玉」，這是一種克服人性心理障礙的逆向思考發財術，唯有透徹明白經濟原理之後，再加上勇於實踐的決心，才辦得到。（句踐就是這種狠角色。）本句同時可以參考「人棄我取，人取我與」相互為用。

人棄我取，人取我與

名句的誕生

當魏文侯時，李克務[1]盡地力，而白圭樂觀時變，故人棄我取，人取我與。（……）趨時[2]若猛獸鷙鳥[3]之發。故曰：「吾治生產，猶伊尹、呂尚之謀，孫吳用兵，商鞅行法是也。」

〈貨殖列傳〉

完全讀懂名句

1. 務：致力從事。
2. 趨時：隨著時勢而轉移。
3. 鷙鳥：指性情兇猛的鳥。

戰國魏文侯（另一位富國強兵而稱霸的例子）時代，李克專心於開發土地的生產力，而白圭善於掌握景氣的循環，採取「眾人不要時我買進，眾人有需求時我賣給他」的策略。（……）把握買進賣出時機，有如猛獸兇禽發動攻擊時的快速與決斷。所以他自述其作風是：「我施行富國政策，有如伊尹、姜太公定方略，孫子、吳起用兵，商鞅建立法治威信一樣。」

名句的故事

伊尹是商朝開國賢相，輔佐商湯討伐夏桀得天下，之後輔佐外丙、中壬、太甲，並曾流放太甲自己攝政，等到太甲悔過遷善後，再迎接他復位。伊尹施政總是先訂國策、法度，昭告天下後施行。姜太公是輔佐周武王伐紂得天下的國師，凡事先訂計才實行。

孫子、吳起是兵家鼻祖，不贅述。

商鞅變法是秦國由偏遠諸侯一躍而為強國的轉捩點，他的方法是先立信（徙木賞金）、再立威（處罰太子黨），然後法令得到人民信服。

白圭的「術」是調節供需、買賤賣貴，但是他的「道」，如伊尹、姜太公一般先訂定策略，如孫吳一般用兵如神，如商鞅一般建立威信，才是成功的「心法」。

歷久彌新說名句

我們讀歷史，多半只見帝王將相的豐功偉績，而未見（其實是歷史課本忽略了）支撐這些豐功偉績的幕後力量——經濟。

句踐、魏文侯、秦孝公是例子，漢武帝是更好的範例，清乾隆帝也不例外。事實上，打仗是很花錢的事情，國庫富裕、民生充裕時，打仗是開疆拓土，揚威國際；經濟拮据時發動戰爭，那就是窮兵黷武，自取滅亡，隋煬帝可為殷鑒。

名句可以這樣用

「人棄我取，人取我與」，它的含義不僅僅是消極的「你丟我撿」而已，更包涵了調節供需的積極作為，政府能做到這一點的話，老百姓就不會過苦日子了。

順之者昌，逆之者亡

名句的誕生

夫陰陽、四時、八位、十二度、二十四節各有教令[1]，順之者昌，逆之者不死則亡，未必然也，故曰「使人拘[2]而多畏」。夫春生夏長，秋收冬藏，此天道之大經[3]也，弗順則無以為天下綱紀，故曰「四時之大順，不可失也」。

〈太史公自序〉

完全讀懂名句

1. 教令：國家所頒布的條例。
2. 拘：受束縛、侷限。
3. 大經：指常道。

（陰陽家認為）晝夜、四季、八卦方位、星相黃道十二宮、二十四節氣，各自有其自然法則的教令（什麼可以做，什麼應禁忌），順從自然法則就能昌盛，違逆自然法則不死也亡（流離失所），但未必如此，所以我（司馬遷）認為，那些規則會讓人們受拘束而不敢放手發展，阻礙進步。

事實上，萬物春天萌牙、夏天成長、秋天收成、冬天儲藏，這是大自然的循環周期，若不順時工作，社會秩序就難以維持，所以說「四季的順序不可以錯亂」。（但不是拘泥成法，畏首畏尾。）

名句的故事

司馬遷在《史記》末篇自述家世、學識、寫

作動機，並藉此發抒他的哲學、歷史觀、價值觀。

他對「六家」，即陰陽、儒、墨、名、法、道德的學說，引用《周易・繫辭》：「天下的道理，有百種思考方向，但卻是一致的，殊途而同歸。」然後他一一闡述，並且分析各家得失，頗有賣弄意味。

歷久彌新說名句

相信生肖流年的人，有所謂「安太歲」的儀式。

為什麼要「安太歲」？因為某些生肖「犯太歲」。而太歲星君正是一位任性的神，不問黑白、不講是非，順之者昌，逆之者亡。只要是犯了祂的沖，那一年祂就是凶神，一切災殃會雪上加霜；但若順服祂、迎合祂，祂就是吉神，凡事錦上添花。基本上，這種信仰就是陰陽家的餘緒，只不過，古代陰陽家講求順從天時，後世則只講順服神祇。

名句可以這樣用

本句引用到政治、社會方面甚廣，凡是專制君主、江湖霸王，乃至財閥豪強，往往「順我者昌、逆我者亡」。然而，不順天、不應人的獨裁者，在民主時代是撐不久的。

失之毫釐，差以千里

名句的誕生

《春秋》之中，弒君三十六，亡國五十二，諸侯奔走不得保其社稷[1]者不可勝數，察其所以，皆失其本已。故《易》曰「失之毫釐[2]，差以千里」，故曰「臣弒君、子弒父，非一旦一夕之故也，其漸久矣。故有國者，不可以不知《春秋》。」

〈太史公自序〉

完全讀懂名句

1. 社稷：原本指土神與穀神，後泛指國家。
2. 毫釐：比喻非常小的數量。

《春秋》書中記載有三十六位國君被弒，五十二個國家滅亡，失去政治而流亡國外的諸侯數也數不清。歸納其原因，都在於不能固守根本（仁政）而已。這就是《易經》所謂「出發點有些微之差，最終將偏差千里」。我（司馬遷）認為：臣子弒君、兒子弒父之所以發生，都不是旦夕的原因，而是長久積弊造成。所以，在位主政的國家領導人，不可以不明白《春秋》的道理。

名句的故事

司馬遷在這一段自比孔子，而且自我期許：「自周公到孔子經歷五百年，孔子過世迄今五百年，我又豈敢推卸這個責任？」

「孔子作春秋，亂臣賊子懼」，司馬遷進一步闡釋：孔子微言大義，用口誅筆伐貶抑亂臣賊子，但同時也用隱晦的筆法，揭露了昏君失德、失國的事蹟。

後世守舊之士有人認為，《史記》是一本「謗書」，因為司馬遷受了宮刑，懷恨在心，所以沒有隱晦漢天子（高祖到武帝）的錯失。但是，據實記錄才正是史家無可推卸的責任，隱晦國君錯誤，才是失職！

歷久彌新說名句

唐太宗李世民說：「以銅為鑑（鏡子）可以正衣冠；以史為鑑可以知興替。」他經常詢問群臣：「隋煬帝為什麼失去天下？」

本書前篇也數次提及，漢高祖劉邦曾詢問群臣：「項羽為何失天下？我為何得天下？」雖有自得之情，但仍有「以前朝覆轍為戒」的用意，這都合於司馬遷的警語。

名句可以這樣用

國家領導人的施政方向必須正確，猶如射箭（乃至發射飛彈），出發點失之毫釐，結果會差之千里。因此，比政策方向更重要的就是施政心態，若心態不是為人民，而是為自己的權位，那麼，即使政策再好，執行的結果也會差很多。

國家圖書館出版品預行編目資料

中文經典100句——史記 / 公孫策作.
-- 初版. --臺北市 : 商周出版 : 家庭傳媒城邦分公司發行, 2005[民94]
面 :　　公分.-- （中文經典100句；2）

ISBN 986-124-334-8（平裝）

1.史記—選譯
610.11　　94000767

中文經典100句02
史 記

作　　者／公孫策
總 編 輯／林宏濤
責任編輯／程鳳儀
發 行 人／何飛鵬
法律顧問／台英國際商務法律事務所 羅明通律師
出　　版／商周出版
台北市104民生東路二段141號9樓
電話：(02) 25007008　傳眞：(02)25007759
E-mail：bwp.service@cite.com.tw
Blog：http://bwp25007008.pixnet.net/blog
發　　行／英屬蓋曼群島商家庭傳媒股份有限公司城邦分公司
台北市中山區104民生東路二段141號2樓
書虫客服服務專線：02-25007718；25007719
服務時間：週一至週五上午09:30-12:00；下午13:30-17:00
24小時傳眞專線：02-25001990；25001991
劃撥帳號：19863813；戶名：書虫股份有限公司
讀者服務信箱：service@readingclub.com.tw
城邦讀書花園：www.cite.com.tw
香港發行所／城邦（香港）出版集團有限公司
香港灣仔駱克道193號東超商業中心1樓
E-mail：hkcite@biznetvigator.com
電話：(852) 25086231　傳眞：(852) 25789337
馬新發行所／城邦(馬新)出版集團 Cite (M) Sdn. Bhd.
41, Jalan Radin Anum, Bandar Baru Sri Petaling,
57000 Kuala Lumpur, Malaysia.
Tel: (603) 90578822　Fax: (603) 90576622
Email: cite@cite.com.my
封面設計／徐璽
電腦排版／冠玫電腦排版股份有限公司
印　　刷／韋懋實業有限公司
總 經 銷／高見文化行銷股份有限公司
電話：(02)2668-9005　傳眞：(02)2668-9790　客服專線：0800-055-365

■2005年02月15日初版　　printed in Taiwan
■2013年06月14日初版24.5刷
定價200元　特惠價129元
 ISBN 986-124-334-8